存債致富

每月3000元，輕鬆投資債券抗通膨，穩穩賺，資產不縮水

辣媽Shania
郭雅芸————————著

Contents ————————————————————————————————————

作者序　　　　　　　　　　　　　　　　　　　　　　　　　6

Part01 進場前，停看聽—— 你所虧的錢，其實都來自你的認知不足　8

1-1　投資一個自己不懂的東西，比不投資更可怕　　　　　10

1-2　想賺錢，你必須先搞懂你自己！　　　　　　　　　　17

1-3　投資債券前，先了解債券與「股票」的不同　　　　　32

1-4　投資債券前，先了解債券與「定存」的不同　　　　　37

1-5　關於債券的基本條件　　　　　　　　　　　　　　　40

1-6　明明是穩固的投資，爲什麼還是會虧損呢？　　　　　43

1-7　搞懂債券種類，財富更增值　　　　　　　　　　　　57

1-8　數學不好，別擔心，辣媽教你輕鬆了解債券價格怎麼算？　67

1-9　債券的存續期間　　　　　　　　　　　　　　　　　80

1-10　看懂「利率走勢」就知道錢放在哪裡最賺錢？　　　　87

1-11　談談股‧債比——早學會，早退休的變富公式　　　　91

Part02 省心易操作的 ETF ——讓平凡人也能養出「吸金體質」　96

2-1　迎接財務自由之路的開始——債券 ETF　　　　　　98

2-2　債券 ETF 這麼多，到底要怎麼挑？　　　　　　　　103

　　特別篇：槓桿型的 ETF　　　　　　　　　　　　　　112

2-3　這檔債券 ETF 可以買嗎？　　　　　　　　　　　　116

2-4　該怎麼購買債券 ETF　　　　　　　　　　　　　　129

　　特別篇：債券 ETF 跟高股息 ETF 該怎麼挑？　　　　133

Part03 穩穩變富的幸福──債券型基金　　　136

3-1　穩中求勝的理財商品──債券型基金　　　138
　　　特別篇：債券型基金 VS. 債券 ETF　　　145
3-2　該怎麼挑選第一支債券型基金　　　148
3-3　這檔債券基金可以買嗎？──基本條件在哪邊看？　　　153
3-4　掌握四大重要數據，就能選出最適合你的債券型基金　　　160
3-5　帶你輕鬆買進第一支債券型基金　　　167

Part04 早知道早富有！秒殺定存的──單一債券投資　　　174

4-1　讓債券小白升級小富婆──單一債券　　　176
4-2　跟誰買「單一債券」可以買得便宜？　　　186
4-3　如何下單購買單一債券　　　191
　　　特別篇：債券型 ETF、債券型基金、單一債券比一比　　　200

Part05 常見問題 Q&A　　　202

作者序

2023 年偶然機會之下，跟好友強基金創辦人 Faith 一起拍攝影片，原本只是想聊美食講一點點財經，沒想到後來竟然都在講財經跟抱怨家中的青少年。這影片意外受到以前金融同業的關注，就這樣挑起我對金融業的滿滿懷念。

那螢幕上隨時跳動著滿滿各項數字，有各國匯率，有各國且不同天期的債券，還有全世界的股票指數……，同時還要預留視窗與國外同事對話討論，同時急迫的回覆緊急的 Email，用肩膀夾著電話與客戶確認交易細節。

讓我最想念的，是數字、速度還有效率。

或許時間到了吧，今年 48 歲的我，開始察覺自己體力能力有限，我也該為自己規劃理財，以備未來無法用勞力換取財富，是時候要把這些金融知識都回歸，並且好好應用吧！

特別是這兩年被大家所討論的債券相關商品，我發現身旁很多朋友早已經開始佈局投資，但當我問他們為什麼要買這個？他們似

乎無法論述清楚，只說大家都預期未來會降息，好像這樣可以賺錢，那就跟進吧！

當年我還在金融業的時候，債券是大戶法人專屬的投資工具。絕大多數的個人財富有限，根本很難參與。然而 10 年後的現在不一樣了，各大券商 APP 都可以輕鬆簡單參與投資，單一投資金額小很多。我發現大多數人對於債券仍然是很陌生的，只因為聽說有利可圖，便貿然進場，但遭逢價格短期下跌又認賠殺出，這都是因為對債券不熟悉才會有這樣的決策。

回想起以前在證券公司債券部還有外商銀行近 14 年的時間，業務都是圍繞著各式各樣的債券。 因為這樣，我想試試用簡單的方式與債券初學者分享，如何認識債券？到底什麼因素牽引著債券漲跌？那麼多商品，我該買哪一個？該如何評估，最終找到適合自己的債券投資。就這樣，我決定將這本書出版了！

謝謝我的團隊成為我寫這本書最堅強的後盾，謝謝我的父母讓我經濟無憂念到研究所畢業，謝謝我自己努力完成每個階段的心願，這本書是我離開金融業滿 10 年最好的禮物。更期許這本書可以幫助更多債券初學者。

PART
01

進場前，停看聽！

你所虧的錢，其實都來自你的認知不足

1-1

投資一個自己不懂的東西，比不投資更可怕！

　　出社會後，一群朋友相聚最有感的聊天話題，想必就是關於「投資理財」了。大家工作了幾年，或多或少累積了一些存款之後，應該都有感光靠領死薪水是不行的，多數人都想賺到更多的錢。所以，茶餘飯後聊天時，很容易聽到大家問：「這支股票可以買嗎？」「這個 ETF 要認賠嗎？」。但每當我更進一步詢問朋友之後，才發現他們對於自己所投資的商品，幾乎很不熟悉。這讓我很訝異，如果連商品都不懂，為什麼有勇氣把自己辛苦賺來的錢，放在不安全的地方呢？

　　我一直深信世上沒有不勞而獲的事，如果你想要靠投資賺到錢，一定要做功課，重點是這門功課要自己做！因為當你擁有足夠的知識，才能形塑自己的投資風格和思考方式，如此一來才有機會踏踏實實的賺到錢。現在，就讓我們從這本書開始吧！

投資靠朋友報明牌？

回想起當年 20 多歲，我第一次買股票的時候，似乎也是這樣的心態。以為自己一旦開始「投資」，就必定會賺錢。而當我的心裡只想著賺錢，就自動忽略也「有可能」賠錢的問題。

尤其理財小白最常犯的錯，就是聽「大家說」，只要看到電視媒體報導或周圍朋友都在討論的熱門股，或最近被瘋狂炒作的超夯題材，就容易一頭栽進去！完全沒想過自己根本沒深入研究。當我們傻傻分不清什麼是短期爆發題材或是長期穩健產業，就會造成誤判局勢，懵懵懂懂跟著追高殺低，沒多久就會對理財感到失望，以為自己「沒天份」「沒偏財運」。

其實，不是這樣的！如果你的投資，追求的是安全與穩定，那麼投資理財並沒有你想得那麼困難。

了解投資標的，才不會上當受騙！

由於自己本身有金融專業背景，所以投資任何商品之前，我是需要親自做過研究才敢投入，畢竟賺錢不容易嘛！總是覺得要謹慎處理。但我發現許多人的投資方式卻不是這樣。蠻多人願意相信朋友報的明牌？甚至是朋友的朋友……的介紹？這也讓我想起之前跟朋友聊天，他傳給我一篇報導，裡面介紹著某個熱門的ETF，他問我：「這還可以買嗎？我想幫我兒子存教育基金」。

我跟他說：「如果距離孩子念大學還有 10 年的話，建議你可以考慮發行比較久而且報酬率不錯的投資標的。建議定期定額投資，還有，ETF 不需要太頻繁的配息，畢竟你是 10 年後才會用到這筆錢，若配息之後，這些錢就無法繼續複利了。」

朋友接著說：「那你幫我看看這一檔，它有配息嗎？多久配一次？」

我有點訝異，他傳給我之前，應該對這檔 ETF 有所了解不是嗎？怎麼連是不是配息都不知道呢？ 這是基本發行條件耶！

後來我才聯想過去一些經驗，很多人做投資，都是「聽朋友說」。朋友說可以買，他就買。但到底買了什麼自己也不知道。漲了就開心，賠錢了也不清楚爲何賠錢，受不了就賣出。這樣不知道重複了幾次，也賺不了多少錢。

　　眞正的投資，應該要自己花時間去了解，才會清楚漲跌的原因，進而判斷要不要持續持有，加碼或是賣出？投資一個不懂的東西，倒不如不要投資，因爲很容易賠錢。

是穩賺的投資？還是陷阱？

　　我還在金融業服務的時候，有個好朋友來問我。他最近投資一個商品，每年固定會給他 8% 的利息。我問：「8% 是超乎行情多很多！你知道那是什麼商品嗎？」

　　他說：「那個業務說，就去投資一些套利的東西，說幾乎沒有風險，所以才可以給這個報酬……但 8% 有很多嗎？聽說很多股票獲利都是 20 ～ 30%，有時候還會翻倍！ 8% 不多吧！」

我說：「股票損益可能有 20 ～ 30%，但最後到底會賺賠多少，是無法確認的啊。但你投資這個東西，根本不知道是什麼，還能保證給你 8%。你知道現在銀行一年期定存只有 1.2% 嗎？定存以外，現在可以給固定利率的金融商品是就是債券。信用良好的 3 年期公司債，給投資人的利率大概在 2% 左右而已喔！！所以我覺得給 8% 是詐騙。」

朋友回：「但他已經給我兩次的利息了，說本來要 1 年後支付一次利息，現在每季都可以給我一些，所以我決定再加碼。」我說：「拜託不要再加碼了，甚至我要勸你，可以拿一些本金回來的話，儘早拿！我在金融市場超過 10 年了，沒看過可以給 8% 穩定報酬，還敢說自己無風險的。」

其實我這位朋友也有研究所學歷，但他對利率相關的商品，跟一般人一樣，是完全沒有概念的，還以為 8% 只是比一般商品好一點點而已。結束電話之後幾天，我忍不住雞婆，再次打電話給他，請他記得要快點贖回原本的本金。他被我講得很毛，就開始一點一點把錢搬回來，後來沒多久，「老鼠會」就原形畢露無法

給利息，更不可能還本金了，幸好他只有損失一小部分。

　　我想，如果你對現在的定存，還有其他固定收益的商品的行情有點概念的話，就很容易發現這是詐騙了。

**通膨不會讓人馬上餓死，
但錯誤的投資卻會讓你短時間血本無歸！**

　　想對抗通膨怪獸又怕賠錢，那存定存就好？這個觀念就是在說以前的我啊！我在讀研究所時期，正逢股票多頭，是散戶參與非常熱絡的時候，當然我也跟著進場攪和。但就是賺一次賠兩次，最後我只好認賠殺出。 畢竟我沒有耐心研究個股，沒時間看財報或是一些基本的分析，當時就只是看著熱門股排行榜買。一想到賠了 2～3 萬，我就會因此少買好幾件衣服耶！算了！決定不要再碰好了！

　　之後，我只願意把錢放在定存裡面。

然而，在結婚之後，為了有個安定的家，所以買了房子，剩餘的現金還是放定存。我發現身旁很多人也這樣！不是定存就是放儲蓄型保險，直到疫情結束後，食衣住行每個費用都飆漲。最有感的是，奶油漲價 50%！一時真的買不下去。1 年前 1 磅的奶油售價是 180 元，但今年就要 270 元了。那時，我才意識到，沒投資的錢，根本一直在縮水。 此時很慶幸早一點買房子，至少自住兼投資，讓我追得上通貨膨脹。

所以投資理財這一步我們是勢必要跨出去的！一開始就先以打敗通膨為目標就好，而固定收益商品就是個很好的標的。但請別急！先看完這本書，就可以學到不易失敗的投資秘訣。

1-2

想賺錢，你必須先搞懂你自己！

　　跟朋友聚會的時候，只要講到理財，每個人的耳朵都會自動靠過來，就是想知道買什麼可以賺錢。有可能你聽了就去買，然後有賺有賠；也可能你只是聽，聽完並沒有買，然後眼看著別人賺錢，接著上演捶胸頓足的戲碼。

　　理財似乎很貼近生活，但要真正懂它卻一點也不簡單。學習投資方法、認識投資標的固然重要，但在了解眾多金融商品之前，你更應該了解的，是你自己！

一心只想著獲利，是危險的！

我相信很多人都買賣過股票，為的就是在薪水之外，幫自己加薪。 說白了，投資當然是為了獲利！

但，不管投資什麼，一心只想著獲利，是危險的！

這兩年越來越火紅的就是 ETF，到 2024 年 1 月台灣投入 ETF 的投資金額，已經達到 3 兆 5 千億，共 245 支 ETF。規模是 2020 年的 2 倍。這數字蠻驚人，可見大家對於投資理財的需求一直是很強的。

尤其最近一年來，好多人都在瘋狂討論「債券」，不少人在不了解商品的狀況下，就跟風開始投資債券或是債券 ETF。 買了之後，沒有馬上賺錢，反而虧損了。一段時間之後，眼前投資的標的沒有起色，加上「看不懂」，只好直接停損出場！

多數人在投資之前，往往優先想到「有機會能賺到錢」，卻容

易忽略獲利的背後是該承擔多少風險？甚至更少人會知道，買了不同的金融商品，所需要承擔的風險又有什麼不同？

人生每個階段都需要錢

我們為什麼要學投資呢？因為讓自己變有錢實在太重要了！當我們有錢，除了能維持基本的生活所需，不至於流落街頭挨餓之外；更進階一些，還能用來犒賞自己。無論想買什麼，都不需要擔心錢夠不夠的那種財富自由，是多麼美好的人生風景呀？

當我們有多餘的錢，就能隨時到星巴克買杯咖啡，給自己一點小確幸；也能不看標籤價格就買下自己喜歡的，想穿的那件衣服、每年還能為自己或家人安排出國旅行；更有能力一些，還能買房子，住進夢想中的家！過著自己想要的生活。

人生中，有幾個特別需要用錢的時候：求學階段，每學期有固定的學費、註冊費、補習費、生活費支出（若是要出國念書，更是一大筆支出）。開始工作後，就算收入足以應付自己的基本開銷，

但緊接著可能會有租金、買房，甚至結婚基金的需求；生了孩子後，直到孩子成年，這一路都是非常需要花錢的階段。而除了家人，最後我們還有自己退休後的各種生活或醫療費用要面對……每個階段的開銷都很多，特別是買房、育兒、退休階段，為了這幾個階段，我們都需要特別好好存一筆錢。

而我自己即將要面臨到的就是未來的「退休」階段。投資理財對我而言，就是為了當自己無法再付出時間與勞力、不再工作時，希望仍能持續有收入進到戶頭。這樣的狀態，才能讓我有足夠的安全感。

但是在這種什麼都漲，就是薪水不漲的年代，光是靠節省存錢是不夠的！就算會儲蓄，通膨馬上就會吃掉我們辛苦存的錢，所以我們必須學會能對抗通膨的投資理財方式。

理財必須依階段性目標，選擇不同的商品

　　現在你正面臨理財的哪個階段呢？不管哪個階段，股票跟債券都是你不可或缺、不能不認識的工具。前者具有爆發力，後者能獲得相對穩定的報酬。兩者相互搭配，能讓我們的投資更加平衡穩健。

　　依據不同的理財目的，我們也需要懂得選擇不同的投資工具。假設你投資理財的目的是想快速存到買房的資金，因爲需要快速累積財富，所以會建議將手上大部分的資金投入到波動度比較高的商品上（例如：股票這類商品），另外，再將少部分資金投資在「債券」這種風險波動較股票小的商品上（這裡指的債券是美國公債或高評等債券），目的是讓投資組合做到進可攻，退可守的分配，增加資產穩定性。

　　假設是爲了存孩子的教育基金做準備，那可以選擇波動稍微高一點，不配息的商品。讓手上的錢可以繼續利滾利，發揮複利的效益。

假設是為了退休穩定的收入而準備，那麼你不需要追求短期間內快速累積財富，只需要穩定的利息收入，那債券投資就比較適合你。

假設你是房貸族，為了應付每個月的房貸支出，需要找固定配息好一點的商品，就建議考慮高股息的 ETF，或是報酬率稍微高一些的債券。

所以要先了解自己正處於哪個階段，才知道應該要選擇什麼商品及投資組合。

理財的終極目標是什麼？

開始接觸投資時，也需要想想自己的終極目標是什麼？我呢，就是想要財富自由。現在 40+ 的我，還可以靠著勞力賺錢，若有天我退休了，體力不好了。如果什麼事都不用做，假設還可以每個月月收入至少 5 萬，那真的很棒啊！

那麼，我們來簡單推算，我應該存到多少錢，才可以未來月領 5 萬元呢？

這有兩個重要因素：

1. 你有多少本金？

2. 你能獲取多少的報酬率？

先假設我們是個很保守的人，可以投資到年報酬率 3% 的商品就覺得滿足。如果我想月領 5 萬的話，應該要存多少本金呢？

利率都是以年為單位，所以要先計算 1 年總共領到的利息

50,000 元 × 12（個月）= 600,000 元

再來計算需要多少本金，才可以每年領到 600,000 元的利息。假設報酬率為 3%。

就用利息 / 3% = 600,000 / 0.03 = 20,000,000 元

意思是說，當你存到 20,000,000 元的本金，而你剛好有找到 3% 報酬率的商品，這樣你就可以月領 50,000 喔！

但 20,000,000 是不是門檻很高呢？（是！）

　　我們再來試算，假設你可以找到 5% 的報酬，你想要月領 50,000 元，那須要存多少本金？

　　600,000 / 5% = 12,000,000 元

　　我們再來試算，假設你可以找到 10% 的報酬，你想要月領 50,000 元，那須要存多少本金？

　　600,000 / 10% = 6,000,000 元

　　先決定自己想要每月領多少利息，用這樣的算式，用計算機簡單按一按，就會得出自己在退休前，所需要存錢的目標。可能是 6,000,000 元，也可能是更多。

　　有沒有發現原來要存這麼多錢啊？那好像得快點開始理財比較好，不然會存不了那麼多錢。那麼有沒有發現報酬率越高，你所需要存到的目標本金就越少！沒錯，如果能找到投資報酬率高的商品，存錢效率就會提高很多。但報酬率越好，相對的背後也要承擔更多的風險。這也是投資兩難的地方。在設定期望目標的同時，

也要對自己的個性有足夠的了解，這樣才有機會投資成功。

理財的第一步，必須先了解你自己

　　學習投資的第一步，我認為比起「投資方法」更重要的是要先了解自己，無論是了解自己的財務狀況或是風險承受度……等等，都是能否投資成功的關鍵要素。**唯有了解自己才能依照自身的狀況好好做規劃，將資金有效配置在合適的投資上。**

你願意承擔風險嗎？

　　我呢～原本就是個非常討厭風險的人。在念研究所的時候，開始接觸股票投資。但因為沒有耐心慢慢研究個股，只是隨著股票漲跌幅，看哪個強勢股稍微下跌就買，稍微漲就賣。新手有運氣，輕鬆賺了幾千塊，就以為自己很行。當時還是個學生，覺得短短幾天就有幾千塊的收入，實在太好賺了。最後，果然就是新手的好運，沒多久，我就開始出現萬元、萬元的損失。

　　我本來是打算用那些存款去買衣服呢！現在怎麼賠光了？投

資是什麼呢？就是有可能賠本啊！天啊⋯⋯那我乾脆直接拿去買衣服就好，至少我還有新衣服可以穿。

在賠錢了之後，我看清楚自己是個討厭風險的人。之後，我就再也不碰股票了，只願意存定存或是買儲蓄型保險，至少不用花心思研究，到期還可以拿利息。所以，在 24 ～ 45 歲的期間，我評估自己的個性之後，決定把較多的時間投入在自己的工作上，因為工作可以賺到的獎金，遠比我去研究投資還賺得多。所以我把大多時間精力都投注在工作上。

直到最近，我已經 40 好幾，在沒有底薪且收入不穩定的自媒體工作中感受到自己體力越來越差，加上有感於通貨膨脹的情境下，我放在定存的錢鐵定跟不上通膨，我的錢會逐年變小。而且，未來如果我沒有體力繼續工作了，我的收入從哪邊來呢？

為了有更好的獲利、為了理想的退休生活，我改變了自己承擔風險的意願。雖然我已經離開金融業，但為了自己，重溫這些投資工具，好好的學習，這種為自己努力的感覺，好踏實啊！

不知道你願意承擔多少風險？但若你現在不願意承擔風險也沒關係，因為你必須將心態準備好了再來投資，不然很容易會因為慌張而做錯決定。但即使不投資，你還是得先學習如何理財喔！等到有需要的那天，才會知道該怎麼佈局，這點非常非常非常重要！

你有多少時間可以研究投資？

我想大多數的人，忙著本業，忙著家庭就已經焦頭爛額了，每天有半個小時可以研究投資，就已經很了不起了，更何況隨時盯盤。

如果你想追求比較有爆發性的財富，可能得花比較多的時間去研究個別股票或是其他風險性更高的投資工具。好不容易找到適合的標的之後，還要考慮進場時機。每天看著它漲跌，下跌的時候不敢買，漲上去的時候，又怕買不到而拚命追價。這樣的行為模式，我不知道已經上演過幾次，而這樣的投資往往效率不好，還讓自己疲於奔命。然後感慨自己……原來我也是被坑殺的散戶啊！

如果你跟我一樣，沒有太多時間看盤，沒耐心研究個股。那穩定的高股息 ETF 或是固定收益的債券，就會比較適合你。之後你可以多留意這些商品的市場資訊，一步步了解它們！

接著，就帶大家一起來認識投資、了解投資吧。

投資讓你與世界接軌

研究投資，可以把你帶離現實的紛擾。每天周旋在柴米油鹽醬醋茶，還要被一堆情感瑣事牽絆著：孩子今天要吃什麼，吃什麼才開心？如果長輩、老公今天不開心，到底是我的錯嗎？

一直想下去，一個早上就沒了。倒不如抽出一點點時間來看看財經新聞，轉換心情，今天聯準會開會的決議，一秒與世界接軌。原來今天 Fed 決定升息了，它為什麼要升息呢？是因為最近什麼勞動數據的改變，或者 CPI 的變動，引發它對未來經濟發展的疑慮⋯⋯而 Fed 這樣的決策，會對我們有什麼影響呢？啊！那我們央行會不會跟著升息呢？我的房貸利率要調整的話，該怎麼

辦啊？是不是得重新分配自己的支出呢？

　　喔⋯⋯原來這些跟我生活是息息相關的。

　　再看看最近缺工缺料的新聞，看來缺料很嚴重，之後電器是不是會漲價呢？那我要不要趁這時候先把電器買下來？或者⋯⋯聽製造大廠說最近家電庫存偏高，那我是不是先不要買，等到未來廠商為了要銷庫存，可能降價求售呢？

　　精算這些，比起討好別人還來得輕鬆。雖然我這樣說很「弔詭」，但看看財經新聞，的確可以帶我脫離這些非理性、不斷鑽牛角尖的思維。看看外面世界運轉的邏輯，是很有趣的，世界是寬闊的。

　　而且，可愛的錢都會往最有效率的地方走，今天哪個債券剛發行利率創新高，當你聽到消息要去搶購的時候，債券價格早就反映了，換算下來的收益率，也跟其他債券差不多。這就是金融世界迷人的地方，沒什麼人情包袱，一切講求效率。

多看這些新聞，的確讓自己變得更有判斷能力，而這些都在累積自己投資的實力，是一種重要的技能。當你增加自己的判斷能力，就能提升你對金融市場變化的靈敏度，也就越來越有機會幫自己賺入更多的財富。

按部就班，你一定會學會理財的！

投資看起來好像很難，但熟能生巧。第一次先把商品的基本條件大概看過就可以，第二次花時間把它們看到熟看到懂。第三次去理解這個商品為什麼會漲跌，背後因素是為什麼。第四次直接去詢問這個商品該怎麼購買？需要開戶嗎？需要怎麼付錢？在你買了之後，該如何繼續追蹤它的損益？哪時候該停利或是停損？

等你有過幾次經驗之後，把這些記錄下來，慢慢的你就會更有判斷能力，你會越來越懂理財的。

我曾經歷很長的時間不願意自己投資，現在已經離開金融業快 10 年了，反而用學習麵包的經驗來鼓勵我自己。已經是麵包老

鳥的我，當麵包做失敗了，我會怎麼想呢？……「就繼續做，即使沒有成功，你也會學到很多經驗，之後一定會越來越好」。理財也是一回生二回熟。既然理財是人生必學的技能，那就爲自己勇敢跨出去吧！

1-3

投資債券前，先了解債券與「股票」的不同

股票是不少投資者比較熟悉的投資工具，因為只要有開盤就看得到價格的漲跌。市場上有消息出現，股價就會跟著浮動。但債券呢？怎麼感覺水更深更摸不透？

寫到這邊，就是為了提醒大家，不要因為目前潮流都在聊債券，自己就一定要跟著買。請先了解債券與股票的不同吧！

債券與股票都是一家公司募集資金的工具，當公司需要擴張蓋廠房等等，這時候他們會需要大量的的資金。除了和銀行借款以外，有另外兩種向一般大眾募資方式，就是股票和債券。

本節就帶大家先來了解，發行債券與股票有什麼不同。

發行「股票」對公司來說

公司必須出讓公司所有權的一部分，公司的未來獲利必須跟股東（買股票的人）分享，一般的股票並沒有到期日，公司不需要承諾償還股票本金。

發行「債券」對公司來說

公司無須出讓所有權，但每固定期間必須償付固定利息給債權人（買債券的人），債券到期的時候，必須償還本金。

那身為投資人的你，有什麼差別呢？

買股票的話，你可以期待：

如果公司未來獲利很好，就有機會分到不錯的股利，但這部分是不確定的，可能蠻多（像是長榮海運，最高有過約 64% 殖利率）但也可能完全沒有。那本金拿得回來嗎？可以的！只要直接將股票出售就可以，至於是否獲利，則須看當時股價來判定賺錢或是賠錢。

買債券的話你可以期待：

猶如你借錢給這家公司，不管這家公司獲利能力好不好，你收到的利息都是固定的。等到債券到期那天，公司會償還所有的本金。除非公司營運非常差，差到無法還本金，不然你的報酬都會是確定的。

還有很多的不同，請大家參考下方的比較表：

	上市（櫃）股票	單一債券
漲跌幅	台灣股市每天漲跌幅限制：10% 美國：沒有限制	沒有限制 債券波動比股票小很多。畢竟債券的漲跌看的是利率的走勢，還有公司的債信。
股利/利息	股利每年變動，非保證收益	固定利率債券，利息是固定的
手續費	股票買進：證券手續費＝股票買進股價 × 股數 ×0.1425% 股票賣出：股票手續費＋證券交易稅	依不同購買單位有差異
買賣方便性	上市櫃公司股票，只要有開盤，可以隨時買賣，價格很透明	不太方便，通常是透過券商或銀行，價格不透明

資料來源：作者整理。（數據會依法規變動而有所調整，非永久固定不變。）

其中值得一提的是：債券沒有漲跌幅限制。聽起來很嚇人，但實際上，債券波動比股票小很多。畢竟債券的漲跌看的是利率的走勢，還有公司的債信。除非公司一夕間倒閉，債券價格才會有巨幅的波動。

但債券買賣的方便性跟股票相比，差異很大。一般投資人購買的話，買賣可能有高額的手續費。所以買債券通常不會頻繁的買賣，大多是持有至到期。

別用投資股票的心態去投資債券

很多人買賣股票，就是想逢低承接，之後每天看著股價漲跌，就等公司是否有釋放更多好消息的時候，能在高價時賣出。當然也有人用「存股」的角度去投資股票（買相對穩定發放股利的公司，每年有固定收益，順便賺取股票價格上漲的利潤）。

但債券不一樣喔！對一般投資人來說，買債券最主要是為了穩定的報酬，並不是為了買賣價差（除非已經是熟識債券的投資

人或是機構法人）。所以買債券之前，應該考量的是，這個債券是否買了會安心（公司是否信用夠好），這個報酬率是否符合自己的資金規畫。而且大多數債券，你無法每天看到它的漲跌狀況，就一般投資人來說，**我非常不建議用債券在短期內來賺取買賣價差**，因為多數債券價格不是很透明，買賣價差也很大。即使你看準了利率趨勢，那些獲利可能就在這一買一賣的成本中，大幅降低了。所以，我建議盡可能持有至到期吧！

債券價格爆發力遠低於股票。但是，如果你買長天期的債券，價格波動也可能不小於相對平穩的股票等等，這些都是接下來的章節會跟大家仔細說明的！ 我們一步步越來越了解債券吧！

投資債券前，先了解債券與「定存」的不同

什麼是「債券」呢？簡單來說，就是某個機構（可能是公司，金融機構，中央政府或是地方政府）跟你借錢，答應給你多少的利息，多久後會將本金全部還給你。

比較正式的說法是：你（投資人或債權人）用 100 元（本金）跟機構（發行人，債務人）買一張債券，發行人承諾每年會給你多少利率（假設票面利率是 2.5%），並且說明哪時候還你錢（到期日）。所以，每到固定時間（可能是每季，半年或一年）你會收到利息。到期日那天，你會收到最後一次的利息＋本金。

感覺跟定存很像嗎？是蠻像的，但還是有些不一樣。

定存與債券的不同

　　一般人最熟悉的就是銀行的定期存款（定存），同樣是固定時間可以領利息，債券跟定存有什麼不同呢？我們可以用不同的角度來分析：

1. 天期：債券通常比較長，比較常見的長天期是 5 年，10 年，20 年，30 年。1 年以上稱為「債券」，不到 1 年的就稱為「票券」。定存的天期通常比較短，最多 3 年。債券天期選擇很多，可以滿足更多不同的資金規畫。

2. 信用風險：定存看的是銀行的信用，而且每一個存款人，在同一家銀行的台幣外幣存款，存款保險最高保額總共有 300 萬。但債券看的是發行公司的信用評等。或者有少數的債券，會由銀行作為擔保人，讓公司發行有擔保公司債。這時候擔保人的信用，就會是重要考量。（例如，台塑公司發行有擔保公司債券，但由華南銀行作為擔保，若台塑無法償還本金，就會由華南銀行代為清償）。

3. 獲利：定存的獲利僅有利息。債券的獲利是「利息＋資本利得（或利損）」。

4. 損失：

　　定存：銀行倒閉時，在台灣仍會有基本保障。

　　債券：當利率上升的時候，你想要售出債券，這時候就會有損失產生。若發行公司有財務危機，就可能面臨本金損失。

5. 提前解約： 定存可以提前解約，只需在 APP 或是網路銀行上操作就好，但利息會打折。而債券是有價證券，可以自由轉讓，當然可以在到期之前賣出，只是必須透過中介機構（如券商或是銀行），詢價並且售出。

　　最近通貨膨脹的狀況越來越嚴重，定存利率往往無法打敗通膨，如果想要有更高的穩定報酬，就一定要考慮債券。

　　如果你是習慣定存的人，在投資債券之前，你必須有以下的準備：**債券投資天期比較長，若不持有到期，可能會有虧損**。當公司倒閉，你也會賠本。但為了有更好可以抗通膨的收益率，還有更長期的資金規畫，債券仍是你必須要認識的投資工具。

1-5

關於債券的基本條件

債券的發行，來自於某家公司剛好有資金的需求，預計未來蓋廠房或是有其他的研發投資。這時候他會思考用什麼方式去籌資最划算，而債券就是眾多籌資方法中的一個。

發行債券的單位，稱為發行人。買（投資）債券的人，就是債權人。依照不同發行人的種類，債券也有不同名稱。由公司發行的債券，就是公司債。銀行發行的債券，稱為金融債。中央政府發行的債券，稱為公債（或是國債）。

認識債券的第一步，就是來看看有哪些基本條件，這些也會是你未來投資的時候，一定要詳讀的重要資訊。

債券基本條件如下方：

重要名詞	說明
發行人	可能是美國政府、台灣政府、 或是一般公司，像是台積電或蘋果。也可能是銀行：像是華南銀行、星展銀行等等。
發行面額	每一張債券是多少金額，例如：1 萬元為 1 個單位。未來買賣就不能少於 1 萬元。
票面利率	發行人要給投資人的年利率，例如：5%。通常會是固定利率，只有少數債券會用浮動利率。
付息頻率	可能是 1 年、半年或是每季。少數債券會是零息債券，期間就沒有付利息。
發行價格	通常是 100 元發行。
債券發行日	債券發行日那天。
債券到期日	債券到期還本的日期，大多債券都是到期一次還本，有少數債券會分次還本。
付息日	說明會支付利息的日期。
信用評等	大多數債券都會由信用評等機構給予信用評等，通常至少會有同時兩家信評機構。
擔保機構	有些債券背後會有擔保銀行，但大多債券都是無擔保。

資料來源：作者整理。

以上的每一個條件都很重要，投資之前一定要細看，畢竟債券的條件比較複雜，跟股票差異很大。我以前在金融業的時候，很可能與客戶已經談定買賣價格之後，才發現這些條件與他原本設想的不同。

例如，投資者希望每年配息，但這個券是半年配息的債券。或者到買賣前一刻，才發現債券有分期還本等等，最終導致無法成交。也可能是成交之後，才發現自己買錯了，回過頭來想要賣出，而債券的流通性並沒有股票好，這時候非常有可能因為有買賣價差而產生虧損⋯⋯所以請記得，在投資之前，一定要詳讀這些發行條件。

1-6

明明是穩固的投資，為什麼還是會虧損呢？

對債券不夠了解的人，可能會有「投資債券，穩賺不賠」的誤解。用這樣的觀念去投資債券 ETF、債券基金，一旦遇到淨值下跌，才會知道「原來買債券，是會賠錢的！」

因為，債券的發行公司是有可能還不出利息，或是無法償還本金的。或者當你投資債券的時候，剛好是利率的低檔，而等到未來利率上漲的時候，你想要賣出手裡握的債券，就會發現自己虧損了。

所以，你必須先了解投資債券的風險種類之後，再來考慮是否該投資，或是哪時候投資才是好的時機點。看完這個小節，你的「選債」能力就會跟著提升喔！

關於債券風險

每一種金融商品都有它的風險，例如價格風險、流動性風險、信用風險等等。而關於債券風險，分析如下：

一、利率風險

跟股票不一樣，股票價格會因為市場對公司未來獲利的預期而有改變。但債券的價格則是會因為利率變動而改變。當利率上漲的時候，你持有的債券就會虧損。當利率下跌的時候，你持有的債券就會獲利。

你買了 A 債券的那一刻，A 債券的到期收益率就已經確定了。

但在你買了之後，市場的利率仍會波動，如果未來利率上升，而且你想要賣出 A 債券的話，就會產生損失，這就是所謂的資本損失，也是所謂的利率風險。

若你一直抱著 A 債券直到到期的話，你的收益率就會跟當初

買進的時候是一樣的。只要你不售出，而公司沒有因為違約而無法償還本金的時候，即使市場利率有波動，你也不會有資本利得或是資本損失。

到底利率變動如何影響價格，我們會在債券價格計算的章節跟大家說明。

二、流動性風險

這名詞聽起來很難懂，但簡單來說，就是你賣掉債券的難易程度。越難變現（賣出）的債券，代表流動性風險越高。

債券主要參與者都是法人，不是個人戶。每 ·個交易的單位，至少都是台幣億元起跳（或是美金 100 萬元），比較常見的交易量是每筆 3～5 億或 10 億新台幣，美金債券則是 300～500 萬美金。

對個人來說，買賣單一債券是比較麻煩的。我們很習慣買賣股票，上市股票在集中市場交易，流動性是很好的，只要在開盤時間，想要進行買賣都是很方便的，交易在幾秒之間就可以完成。

但債券是完全不一樣的，就個人投資人來說，要想查到當下可以馬上成交的價格，難度是很高的。

因爲債券大多是議價交易，你必須找金融機構（假設是 B 券商）幫你詢價，如果 B 券商本身就有意願購買你的債券，回覆報價的速度會比較快。不然 B 券商就得轉身到金融市場問，是否有人願意承接這個債券，等到對方報價之後，B 券商才會給你報價。這一來一回有可能是數個小時，也可能是幾天的時間，或是更久（如果你詢問的券眞的很冷門的話）。特別是個人戶買賣的單位，遠小於法人一次買賣的金額。 這樣在市場上更難找到願意承接的金融機構。即使是同一個債券，不同的交易金額，價格也會有差異。

以上這些債券的特點，跟上市櫃股票交易有非常大的差異。所以大家必須要有個重要的概念：**購買單一債券的流動性風險是比較高的。**

流動性風險如何反應在利率上呢？若是到期日很近，信用評等也一樣的兩個債券。A 債券流動性比較差（比如，A 債券的總發行量比較少），B 債券流動性比較好。那我建議大家在購買 A 債券的

時候，可以試著跟議價單位要求比較高的收益率，因為當你要賣出的時候，難度比較高，這部分是需要反應在報酬率上的。

三、信用風險（或是違約風險）

信用風險是指某個債券違約（還不了錢）的機率。如果該公司違約機率高，信用風險就比較高。相反的，若是家喻戶曉的台積電，這家公司的信用風險就相對比較低。

講到信用風險，我們就必須知道「信用評等」公司的存在，他們將公司仔細評估之後，依據公司還款的能力，給予每家公司或公司發行的債券不同的評級。這信用評等是債券市場上，大家非常看重的標準。目前有三大信用評等公司：Moody's （穆迪信評公司），Standard and Poor's（S&P）（標準普爾信用評等公司），還有 Fitch Ratings（惠譽信用評等公司）。

雖然在 2008 年金融風暴的時候，有不少人質疑信用評等公司並沒有提前警示市場哪些金融機構即將出問題。即便如此，

信用評等公司給的評級，仍是市場上最看重的信用風險指標。（意思是，信用評等報告已經涵蓋最重要的訊息，但仍可能存在意料外的風險，建議可以將信評報告作為重要參考，但並不是百分之百依賴報告的結果）。

三家評等公司給的評級符號，會有些微的不同，請參照以下的信用等級表：

Moody's	S&P	Fitch	
Aaa	AAA	AAA	
Aa1	AA+	AA+	
Aa2	AA	AA	
Aa3	AA-	AA-	
A1	A+	A+	投資等級債券
A2	A	A	
A3	A-	A-	
Baa1	BBB+	BBB+	
Baa2	BBB	BBB	
Baa3	BBB-	BBB-	
Ba1	BB+	BB+	
Ba2	BB	BB	
Ba3	BB-	BB-	
B1	B+	B+	非投資等級債券（或垃圾債券）
B2	B	B	
B3	B-	B-	
Caa1	CCC+	CCC+	
Caa2	CCC	CCC	
Caa3	CCC-	CCC-	
Ca	CC	CC	
	C	C	

資料來源：三大評等公司、作者整理。

像是一樣是最高評等的 AAA， S&P 就會寫 AAA，而 Moody's 則是用 Aaa 表示，Fitch 則使用 AAA。

除了 AAA 評級之外，其他等級都還有再細分「+」「flat」「-」。其中「+」是該評級裡面最好的，「-」是該評級裡面比較差的。例如 AA+ 的評級比 AA- 來得好。

還有一個值得注意的是「評等展望」，就是所謂的 outlook，這個可以看得出未來信用評等公司，是否有機會調整該公司的信用評等。假設是 outlook, postive，代表未來有機會提高信用評級。如果是 stable, 則代表未來持平的機會比較高。如果是 negative, 則代表未來被降低信用評級的機會很高。

而這些評等報告該怎麼找呢？只需要 Google 就找得到。

信用評等有個重要的分界，就是投資等級與非投資等級。BBB-（含）以上的債券，就是投資等級。BB+（含）以下的，就是非投資等級債券，甚至稱爲「垃圾債券」（Junk Bond）

就債券初學者來說，建議以投資等級債券為優先考量。因為信用風險的評估並不是那麼容易，若只是為了賺取微薄利息，而賠了本金，是非常不划算的事情。

信用風險如何反應在債券的利率上呢？ 極端一點來說，台積電跟一家才剛成立 3 年的 A 公司比較起來，你比較放心將錢借給誰呢？當然是台積電！除非 A 公司願意付給你非常高的利率，你才有可能考慮借錢給他們。

所以信用風險越高的公司債，通常會有比較高的收益率。反過來說，如果兩個債券收益率都一樣、其他發行條件相仿，大家可以反過來選擇信用風險相對低的債券。

四、容易被忽略的「匯率風險」

「匯率風險」四個字感覺好難喔。但是不是更好奇為什麼買債券會有匯率風險呢？

我先解釋「匯率風險」，就是你投資的金融商品價格，會受到匯率波動而改變。匯率指的是一個國家的貨幣要用多少錢才能等值換到另一個國家的貨幣。

　　例如：美金對新台幣匯率為 30，就是指 30 元的新台幣才等於 1 元的美金。若今天新台幣匯率變成 29 的時候，就代表新台幣升值，而美金貶值。

　　假設你當初購買美金債券的時候，是用新台幣 30 元換 1 美金去買。等到債券到期，想要美金換台幣的時候，匯率變成 29。這時候，你就會有匯率損失 = 1 元的新台幣 (30-29=1)。 所以即使你投資債券是獲利的，但仍可能因為轉換幣別的時候造成損失。

　　以下是購買債券相關商品的時候，可能會遇到匯率風險的狀況，分別列出來給大家參考。

1. 買美金計價的債券要注意的匯率風險

我們很有可能會購買外幣計價的債券商品，其中最大宗就是美金債券。假設直接到海外購買美金計價的債券 ETF，或是債券型基金等等。那麼，買進跟賣出的時間點，若匯率不同，就可能會有損失或是獲利。分別說明如下：

1. 債券到期的時候，若有匯率損失該怎麼辦呢？其實新台幣兌美金，相對其他貨幣來說已經是比較可以預測的。如果是我，原本用台幣換美金買債券，最後債券到期要換回台幣的時候，如果匯率水準不利於我，我有可能會等待好的匯率價格再將美金換回台幣。(當然也可能越等價格越差)。或者我會繼續投資其他的美金商品，或者等未來有美金需求的時候，直接使用美金 (可能是出國旅遊，或是孩子到美國求學的時機。)

2. 如何規避匯率風險呢？坦白說，很難！ 一般公司企業會透過一些衍生性金融商品來規避匯率風險，但那些都必須簽妥複雜的衍生性金融商品合約，並不適合一般投資人。

再者，規避風險是有代價的，就是避險成本。往往在扣除避險成本之後，就會讓這美金的商品報酬率降低很多，很可能你會因此直接放棄不投資。

2. 買台幣計價，但標的物是美金的商品，這也有匯率風險

假設你購買台灣發行的美國公債 ETF，你是用台幣買的，為什麼也會有匯率風險呢？

　　因為你付出台幣之後，基金經理人必須將它換成美金，才可以去購買債券。而當你要贖回 ETF 的時候，經理人勢必得賣掉美國債券，在將美金換回台幣的時候，就會有匯率風險。

　　購買美元計價的商品時，你可以決定先不要將美金立刻換回台幣。但用新台幣去買連結美元商品的時候，在你贖回的那一天，勢必就會將美金換回台幣。如果那天匯率剛好對你不利，那也只能被迫接受。

事實上台幣計價的美債 ETF，每天的淨值都有將匯率的變動考量在裡面。這就是為什麼同樣是盯著美債 20 年的 ETF，一個是美金計價（代號 TLT），另一個是台幣計價的元大美債 20 年。照理說兩個漲跌應該要一致才對，但有時候 TLT 漲，但是元大美債 20 年竟然沒有漲的部分原因，通常就是新台幣匯率變動的關係。

這匯率風險是必然存在的，而且也是很難規避的。所以，在判斷是否可以投資該檔債券 ETF 時，無論它是以新台幣或是美元計價，最優先的考量還是會先看該債券 ETF 是不是值得投資？匯率風險只是其次考量。在新台幣兌美金匯率還算在合理區間的前提下，我並不會因為匯率變動而影響了我的投資決策。

3. 買非美金的商品，利率看似高，更要小心匯率風險

若是買非美金計價的外幣商品，判斷因素就會比較複雜。或者有些債券型基金，投資是同一個標的，但卻以不同幣別發行，這時候該買哪個幣別呢？

千萬不要被高報酬率迷惑

　　假設同一個基金，但有不同發行幣別：南非幣、美金、澳幣。而其中南非幣的報酬率看起來最高，是不是該買南非幣呢？答案是：不一定！因爲你必須依照自己的資金需求來決定，假設你未來需要使用到南非幣（例如：將在當地求學），那當然可以選擇投資南非幣。但若你只是純粹因爲南非幣計價看起來報酬率比較高，就決定投資的話，那就一定要三思。因爲等你要贖回基金的時候，可能同時要將南非幣換回台幣。這時很可能因爲巨幅的匯率變動，侵蝕了你的獲利。

　　這幾年日幣貶值的幅度很大（日幣兌美金這 5 年從 110 貶值到 147，約 33% 的貶值幅度，嚴重侵蝕你部分的投資本金），假設你一開始用台幣換成日幣之後去投資，即使在日本賺錢了，但換回台幣時候，卻因爲日幣貶值很多而造成獲利嚴重萎縮，或可能賠錢的狀況。所以美金以外的其他外幣投資，我都會非常的謹慎小心。除非是未來有其他幣別的資金需求，不然我寧可保守一點投資台幣或是美金的商品。

　　以上分析了三種會遇到匯率風險的情境，基本上匯率風險是只有投資外幣商品的時候才會發生的。但要規避也很難，所以在投資之前，必須要審慎評估。如果是我，就會把匯率的歷史低點找出來（當然未來還是有可能創更低的紀錄），再回推我可能的最大損失，自己評估可能的機率之後，再決定是否投資。

1-7

搞懂債券種類，財富更增值

剛接觸債券沒多久，還以為債券很簡單。想說不過就是一個借貸關係，支付固定利率而已。但，當再更深入了解，就會發現種類多到眼花撩亂。

那麼，有需要每種都了解嗎？

雖然購買一個債券的基本門檻太高，一般人也無法購買，似乎可以不用了解這些細節（有理由可以逃避）。但，你還是得了解基本概念喔！因為當我們要研究該買哪一檔債券 ETF 或是債券型基金的時候，仍需要花些時間去了解到底該基金或是 ETF 投資了哪些債券。看懂了之後，才能對風險有正確概念，也就不容易被誤導而做出錯誤的投資。

債券雖然種類多，但請不用擔心，看完這篇債券種類的介紹，你就大致能掌握了！

如果用發行人來區分的話，債券可分成以下三大類

一、一般企業公司發行稱為：公司債券

公司債券分成有擔保公司債券，或是無擔保公司債券。其中有擔保公司債券，通常都是由金融機構（銀行）作爲擔保（意思是，萬一公司倒了，會由銀行代爲償還，這樣聽起來眞的安全很多，但利率可能也會比較低）。目前市面上9成以上都是無擔保公司債券。而無擔保公司債券，我們會透過信用評等來判定它的信用風險。如果是有擔保公司債券，投資人會用它擔保的銀行來看信用風險。

二、銀行機構發行稱為：金融債券

金融債券種類分類稍微再複雜一點，有一般順位（主順位）的金融債券，還有次順位金融債（Subordinated Debt）。

銀行因為必須符合主管機關對資本適足率的要求，會視情況發行次順位金融債。次順位債券（Subordinated Debt）的清償順序在主順位債券之後。意思是當發行人遭受清算時，主順位債券的投資人會先拿到本金，之後才是輪到次順位債券的投資人。就同一個發行銀行來說，一樣的天期，同時間發行的話，主順位金融債券的利率會比次順位金融債還低，畢竟次順位金融債的風險比較高。但因為次順位金融債的風險會比較不容易評估，不建議新手投資人購買。

三、中央政府發行稱為：國債或是公債

最為人熟悉的就是美國政府公債。發行量大，信用評等好，交易量也大。其中美國 10 年期公債，更被市場視為是「無風險利率」的指標。公債利率的走勢也是大家關注的焦點。

公債的流通性（是否容易買到或賣出）大多情況下都優於公司債與金融債，最主要是因為信用評等優良，願意接手的投資人比較多，再來就是公債一次發行量比較大，交易量大的狀況下，就比較容易變現。如果就分散投資風險的角度，公債往往是股票以外，很適合分散風險的投資商品。

　　另外也有部分是地方政府發行，像是美國各州政府，或是台灣縣市政府也有發行債券。

　　如果就利息計算方式的不同，可將債券分類如下：

固定利率債券（Fixed rate Bond）

　　固定利率債券就是在債券一發行的時候就決定了付息的利率，之後也不會再變動。絕大部分的債券都是用固定利率來計息。票面利率像是有 3.25%、5%、6%……等等。

零息債券（Zero coupon Bond）

　　零息債券在發行期間會完全不支付利息，直到到期日那天，才會將本金償還。那誰要買這種債券呢？感覺很虧耶！但事實上這種債券都會折價發行（就是 100 元的債券，發行時候會賣得比 100 低很多）。假設 3 年的債券，到期還給你 100 元。而當時市場利率水準約 3%，那這張債券可能在發行的時候，發行價格會是 91 元（100-100×3%×3=91）。

意思就是，你用比較少的本金購買這張債券，到期的時候，連這 3 年的利息與本金一起還給你。

到期時你收到 100 元，其中 9 元是利息，91 元是原本的本金，其實並沒有比較虧喔！只是利息給付的形式不一樣而已。通常這都是專業法人在購買。

浮動利率債券（Floating-Rate Note（FRN））

有些債券的計息方式是浮動的，通常會有一個指標＋固定利率。指標都會是具有公信力或是金融市場公定的指標。以前很常是使用 LIBOR（London Interbank Offered Rate, 倫敦銀行同業拆借利率，僅是舉例），再加上一個固定利率。所以票面利率會例如 ＝ 3 個月 LIBOR ＋ 2%。假設這次 LIBOR 在 3%，再加上 2% ＝ 5%，這就是這一期債券投資人會收到的利率。

指標可能每季，每半年或是每年會調整一次。所以投資人收到的利率會一直改變。如果你預期未來利率會上漲，就可以選擇

購買這樣的債券，利息就能越收越高。但往往在正斜率的殖利率曲線情境下，短期利率會比長期利率還低。所以購買這樣的債券，一開始你會收到的利息，可能會比同天期固定利率債券低。

還有一個重要的特點是，浮動利率債券的利率風險是偏低的，因為票面利率會依照市場狀況重新設定，債券價格的波動比較不會因為利率變動而有大幅變動。

結構債券（Structured Notes）

結構債券是屬於比較複雜的債券，形式五花八門。有時候會出現在銀行理財專員給的投資建議書裡，利率通常是浮動的。連結的指標可能是股權（某支股票的股價）、利率，也可能是信用衍生性金融商品。

結構債券本身可能給予高於一般債券的「固定利率」，看似很誘人，但必須將條件看仔細，因為風險就藏在細節裡。可能在債券到期的時候，會「有條件」償還本金。

假設某結構債券的發行條件如下：

發行人：A 銀行

票面利率：10%

美金：一年期。

到期還本時候比價：蘋果公司、微軟、特斯拉股價，其中有一檔股價低於現在價格的 7 成，你就會收到股票，而非原本的本金。如果這三檔股票都沒有低於當初的 7 成，投資人就可以收到 10% 的利息。

會轉換成股票是因為當時股價下跌很多，如果你拿到股票之後立刻賣出，所收回的本金往往會低於當初你付出的金額。萬一更極端的狀況，這間公司股票跌到只剩原本的 10% 呢？那你的損失可是非常大的！

債券發行的時候，你如何判斷未來股價走勢呢？這是非常困難的。

結構債券是一連串衍生性金融商品的組合，風險會比較難以

評估，而且這樣的債券流通性會很差（不容易轉賣）。不建議投資新手購買。

新興市場債券（Emerging market bond）

相對美國、加拿大、英國等「成熟市場」國家，「新興市場」的國家正處於快速成長期，如：巴西、南韓、中國、台灣等都屬於「新興市場」。每當全球主要市場利率位居低檔水位的時候，就會有投資人考慮去投資新興市場債券，為的就是追求比較高的收益率。然而金融的世界裡，不管要提醒幾次，還是要繼續提醒的就是「天底下沒有白吃的午餐」。高報酬的背後，就是高風險。新興市場的政治與經濟並沒有已開發國家穩定，當地企業的狀況也比較難掌握。再加上若是美元升值的時候，資金也會加速從新興市場上撤離等等原因，讓新興市場債券風險是比成熟市場高的。

有些人會以為，當全球景氣衰退的話，債券價格有機會升高。但這樣的邏輯並不一定套用在新興市場上，最主要是因為，當景

氣下滑的時候，也增加公司倒閉的可能，拉高債券違約的機率。如果投資人不是很了解的狀況下，即使有比較高的報酬率，也請大家三思。

可轉換公司債

可轉換公司債在台灣很常見，是一種結合股票選擇權的債券，買了這張債券，在未來有機會可以用較優惠的股票價格，將債券轉換成股票。通常這樣的債券都沒有票息（公司沒有支付利息），如果看好這家公司的股票未來有上漲的機會可以考慮買入。如果最終股票沒有上漲的話，你還是能收回本金。

未來股票高於轉換價（上漲），最終用優惠價格轉換成股票而獲利。若未來股票低於轉換價（下跌），而且公司沒有倒閉的狀況下，你仍能收回本金，就是損失這段時間的利息而已。

所以對投資人來說，是一個進可攻退可守的投資工具。但因為不是固定收息的商品，就不適合追求穩定報酬的投資人。

金融資產證券化商品

是指類似銀行等機構將自家擁有的房屋貸款、汽車貸款、信用卡貸款等等的資產拿來抵押，透過發行有價證券的方式來籌資。市面上最常見的是「房屋貸款抵押證券」，這在美國市場在外流通金額達 12 兆美元。證券化商品發行結構複雜，違約風險評估非常仰賴信用評等公司給予的信用等級。

若未來在債券型基金的投資組合內看到這樣的商品，請記得兩個重點：第一，這商品在美國金融市場很常見。第二，請留意信用評級，如果是 A 級以上，違約風險偏低。

看完了以上債券介紹，應該還是覺得記不得那麼多吧？不用擔心，這是正常的，你只需要記得書中的某個章節有提到這些，未來有需要的時候，再回來翻找就可以了！

Tips

Bills, Notes, Bond 傻傻分不清楚

有三個英文單字都跟債券有關，究竟有什麼不同呢？ Bill 一般來說是於 1 年內到期的債券，Note 的天期從 1 年到 10 年不等，而 Bond 的期限可超過 10 年。但以前在金融業的經驗，Notes 跟 Bond 的界線有點模糊，常常 10 年內的債券我們也會稱作 Bond，所以不用太執著於 Notes 跟 Bond 兩者有什麼差別。

1-8

數學不好，別擔心！辣媽教你輕鬆了解債券價格怎麼算？

這章節太太太重要了！投資債券，就是為了要賺錢，要對債券的價格有正確的了解，這樣才不會被不實資訊牽著走，才能把錢賺進來。

債券價格就是把未來每一年會收的利息跟本金，每一筆都折現回來到今天，然後再加總起來，就是等於這張債券的價格。

我們先從了解什麼是利息開始 ➡ 以後的 1 塊錢跟現在的 1 塊錢是不一樣的。

為什麼會有利息？

這裡有個很重要的概念，1 年後的 1 塊錢，跟現在的 1 塊錢，雖然一樣都是個硬幣。但在財務的世界裡面，因為時間點的不同，1 塊錢的「價值」是不一樣的。因為時間會產生利息。這是理解每一種金融商品很重要的一步。

利息是什麼呢？

如果有人要來跟你借錢，他必須給付你利息。因為借錢的人，必須支付你「使用金錢的費用」，猶如租金一樣。假設你是房東，房客使用了你的房子，必須支付租金給你。今天房子換成是金錢，跟你借錢的人使用了你的資金，他就必須支付利息給你。

利息怎麼計算？

理解了利息之後，再來聊聊利息計算有兩種方式：單利與複利

單利：猶如定存裡面的，到期領回利息，本金繼續留在銀行裡面存入新的定存。

今年你存入 1 萬元，利率是 5%。

1 年後你收到 500 元的利息。然後剩下 1 萬元，繼續存定存。假設那時候的利率也是 5%。

兩年後，你又收到另一個 500 元的利息。你決定結束定存，收回 1 萬元。

這兩年下來，你收到兩次 500 元的利息共 1,000 元。
本金 10,000 元
總共你收到 1,000+10,000= 11,000 元

複利：（這比較複雜，但大多金融商品價格，都是這樣計算的，一定要懂喔！）

猶如定存裡面說的，定存到期之後，收到的利息加上原本的本金，連本帶利再次投入新的定存。

今年你存入 1 萬元，利率是 5%。

1 年後，你收到 500 元的利息。但你決定將這 500 元與本金 10,000 繼續存定存。假設那時候的利率也是 5%

兩年後，你收到的第二次利息會是 10,500×5% ＝ 525 元。你決定解約定存，收回本金 10,000 元。

於是兩年後，你收到本金＋第 1 年利息＋第 2 年利息 ＝ 10,000+500+525 = 11,025 元

所以假設利息是 5% 的情況下，兩年後的 11,025 = 今天的 10,000 元。

Tips

> 兩年之後，用複利計算的金額 11,025 元，大於 單利的 11,000 元，兩個相差 25 元。時間越久，用複利方式計算的結果，會遠高於單利。

債券價格的計算

當我們要計算債券價格的時候，通常都是指「現在」的價格。就像大家在講股價的時候，都是在講現在當下可以購買的價格。

債券價格的概念，如同將未來時光回流到今天，你已經知道之後未來公司會付給你多少利息，但你想知道「現在」是價值多少錢。

這時候，就會用一個利率，將未來會收到的利息與本金折現到今天。我們稱它爲「折現率」。

為什麼講到債券的時候，會有兩個不同的利率？

債券最惱人的其中之一，就是有兩種利率觀念很容易搞混了。

一個是「票面利率」(coupon rate)。一個是「到期收益率」(Yield to Maturity)。

「票面利率」是固定的，代表在債券到期之前，發行人會支付你多少利率。債券發行的當下就寫在債券上面，一開始確定了，未來也不會改變。

「到期收益率」（也是折現率）則會依市場狀況變動。

債券一旦發行之後，市場的利率仍會每天變動。像是一開始發行的票面利率是 5%，但隔一天突然中東戰爭打起來，引發大家對油價上漲的疑慮，進一步引發通膨。利率當然就跟著往上漲了。

當利率上升到 6%，你手上這張票面 5% 的債券，就變得不夠有吸引力了。 這時候必須賣得比較便宜，來補足這 1% 的價差給新的債券投資人。這時候就會用這 6% 來回推，你這張債券的價格剩下多少的價值。（用債券公式計算）你就可以將這 6% 理解爲「到期收益率」或者「折現率」。

「到期收益率」會隨著市場的預期而有所改變

接下來就來說明，這兩個利率如何決定債券價格！

債券價格的計算：

Bond price：$P = \sum_{t=1}^{N} \left(\frac{C_t}{(1+r)^t} \right) + \frac{FV_N}{(1+r)^N}$

Where：

r = 到期收益率

N = 到期年限

FV = 債券票面金額

Ct = 第 t 年的利息收入（票面利率 × 票面金額）

t = 第 t 年。t=1、2、3……N

債券價格的公式：

票面利率是放在分子
到期收益率是在分母。

先不管複雜的代號公式，只要先知道當分母越大，算出來的債券價格就會越低。

現在，我們先來計算一張 3 年到期的債券價格是多少？

就 3 年的債券來說，假設票面利率為 5%，購買價格為 10,000 元

第一年末領回 500 元
第二年末領回 500 元
第三年末領回 500+10,000 元

而這些都是未來不同時間點的錢，等於現在的多少錢呢？

我們剛剛用定存方式跟大家說明，現在的 1 塊 = 未來的多少錢，是用乘法。

假設到期收益率 = 票面利率

現在要算未來的 1 塊等於現在多少本金？那就倒過來用除法！
（現在的本金＝未來的錢／（1+ 到期收益率））

500／（1+5%）（因為 1 年，所以除一次就好）＝476.19 元

500／（1+5%）×（1+5%）（因為 2 年，所以除 2 次）＝453.51 元

10500／（1+5%）×（1+5%）×（1+5%）（因為 3 年，所以除 3 次）
計算機：1. 先算分母：先按下 1.05×1.05×1.05 = 1.157625 元
　　　　2. 再算分子／分母 ＝ 10500/ 1.157625 = 9070.30 元

三個加總，就等於這張債券在「現在的價格」：
476.19 + 453.51 + 9070.30 ＝ 10,000 元

結論： 當到期收益率 ＝ 票面利率的時候，債券價格跟當初買
的價格是一樣的 10,000 元。

假設到期收益率 > 票面利率

如果是一樣的債券，但市場利率已經上升到 6% 的話，那這張票面利率 5% 的債券值多少錢？

500 /（1+6%）（因為 1 年，所以除一次就好）＝ 471.70 元

500 /（1+6%）×（1+6%）（因為 2 年，所以除 2 次）＝ 445 元

10500 /（1+6%）×（1+6%）×（1+6%）（因為 3 年，所以除 3 次）
　　計算機：1. 先算分母：先按下 1.06×1.06×1.06 = 1.191 元
　　　　　　　2. 再算分子 / 分母 ＝ 10500 / 1.191 = 8,816 元

三個加總，就等於這張債券在「現在的價格」：
471.70＋445＋8,816 ＝ 9,732.7 元

結論：**當到期收益率「大於」票面利率的時候，債券價格就會下跌**。所以當你預期市場利率會上升的時候，就要避免購買債券，不然會有損失。

假設到期收益率 < 票面利率

　　如果一樣的債券，但市場利率已經下降到 4% 的話，那這張債券值多少錢？

500／（1+4%）（因為 1 年，所以除 1 次就好）= 480.77 元

500／（1+4%）×（1+4%）（因為 2 年，所以除 2 次）= 462.28 元

10500／（1+4%）×（1+4%）×（1+4%）（因為 3 年，所以除 3 次）

計算機： 1. 先算分母：先按下 1.04×1.04×1.04 = 1.125 元
　　　　　 2. 再算分子／分母 ＝ 10500／1.125 = 9333.33 元

三個加總，就等於這張債券在「現在的價格」：
　480.77 ＋ 462.28 ＋ 9333.33 ＝ 10,276.38 元

　　結論：當到期收益率「小於」票面利率的時候，債券價格就會上升。所以當你預期市場利率會下跌的時候，這時候就應該要購買

債券，未來就有機會獲利。

　　把不同的到期收益率放進這個計算公式裡面玩看看！想必你已經會算債券的價格了！

　　知道債券價格是什麼樣的邏輯之後，我們就可以依照你對市場利率的預期，來著手投資策略了！

辣媽投資小故事

當初我在研究所的論文都跟股票的衍生性金融商品有關，對債券很不熟悉，一直覺得那是個無聊的商品。不過就是利率的變動而已嘛！

而畢業後，剛好債券部門的職缺比較多，因緣際會我也跟新金融商品部門沒有緣分，所以選擇了進入債券部。誰知道這就是老天最好的安排，2000 年以後，就是債券市場多頭的開始，意思是……利率一直往下滑啊！所以只要握有債券的人，就會獲利了。我這個剛剛畢業的小嘍囉，就在這個大多頭的傘下，部門賺錢了，我的工作也比較不用擔心被裁員，反而有年終獎金可以期待。

回想過去，剛進債券部門的時候，也被債券價格搞得很混亂，大概幾個月之後，才可以很直覺的反應：利率下跌＝債券價格上漲；利率上升＝債券價格下跌。所以，一開始接觸債券，會被搞得混淆是非常正常的事啊！

1-9

債券的存續期間

看到這名詞，是不是彷彿看到大魔王一樣想要落跑？但了解債券，其中一個必學的重要名詞就是「存續期間」（Duration），對我來說它是計算債券價格變動的捷徑！所以，這功夫一定要學起來！

然而使用它來計算價格變動的同時，仍需要注意幾個細節，才可以正確地套用。這個小節會跟大家詳述存續期間的定義、該如何運用在投資的日常、它的特點，最後會說明計算價格變動的時候還有哪些重要不可忽略的細節。讓大家更輕鬆地估算債券的利率風險。

什麼是「存續期間」？

「存續期間」是指債券投資人持有該債券的**平均到期年限**（與債券到期年限不同），也可以說是投資人收回本金的平均年限。它更是用來衡量利率變動，對債券價格影響程度的重要工具，也就是衡量利率風險的指標。

債券的存續期間必定等於或是小於「債券到期年限」。例如 A 債券的剩餘到期年限是 8 年，存續期間必然小於或是等於 8（如果有發現大於 8……那一定是計算錯誤）。而只有零息債券的存續期間會剛好等於 8，其他有配息債券的存續期間都會小於 8。

存續期間是用來衡量利率與債券價格之間的關係、上一節在債券價格計算的內容裡，可以看出債券價格與利率是呈現負相關。再次複習一次：

利率下跌會促使債券價格上漲；利率上漲的話，債券價格就會下跌。

我們之前也手算一次，大概感受得到利率變化會讓債券價格如何變動。而如果需要跟上一節說明的內容一樣，每一期的利息都要折現，還真有夠麻煩，到底有沒有計算價格變動的捷徑呢？當然有！那就得知道債券的「存續期間」。

存續期間的計算公式，看起來會比債券價格計算更加複雜，我們就不列出來了。而且網路上也有提供簡單的試算表，只要將債券條件輸入，就可以輕鬆得到該債券的存續期間。

如何用存續期間計算債券價格變動

假設 A 債券的存續期間為 7.2 年，我們來試算以下不同情境：

情境 1. 利率下跌 1% 的話，債券價格變動多少呢？

7.2 × 1% = 7.2% ➡ 代表利率下滑 1% 的時候，這張債券價格就上升 7.2%

情境 2. 利率上升 0.75%，債券價格變動多少呢？

7.2 × 0.75% = 5.4% ➡ 代表利率上升 0.75% 的時候，債券
價格下跌 5.4%

以上說明可以直接套用在單一債券的價格變動上。

未來的章節即將要介紹「債券 ETF」還有「債券型基金」，我們
也都可以上網查詢該檔基金的「投資組合平均存續期間」，如果想
大概知道，利率上升或是下跌多少幅度，會對基金淨值大概有怎
樣的影響，也可以用這樣的方式來計算。

存續期間越長，利率風險越大

假設 B 債券到期年限 3 年，存續期間為 2.8 年。C 債券到期
年限 10 年，存續期間是 9。請問哪個利率風險大呢？

當利率上升 1% 的時候。

B 債券下跌 1% × 2.8 = 2.8%

C 債券下跌 1% × 9 = 9%

以上可以看出，當利率上升的時候，C 債券的投資人會承受比較多的損失。也就是說，當未來利率可能上升的時候，要避免握有長天期債券。

存續期間的特點

1. 票面利率越高，存續期間越短：假設兩個債券，其他條件一模一樣，只差在票面利率不同。 那票面利率比較高的那個債券，存續期間會比較短。 因為利率越高，對投資人來說平均可以回收本金的年限就縮短了。

2. 天期越長，存續期間越長：到期日越長的債券，因為平均可以回收本金的時間拉長，所以存續期間也會越長。

3. 到期殖利率 (Yield to Maturity) 越高，存續期間會越短。

使用存續期間計算價格敏感度的注意事項

1. 利率單位要用對：存續期間是，利率變動 1% = 債券價格變化 %。請記得利率變動的單位是「百分比」，假設 1%，就用 1% 帶入，小於 1% 就用 0.XX% 帶入公式。

因為利率單位有不同說法，有時候會說「調降一碼」(0.25%)「調升半碼」(0.125%) 有時候也會用 bp(basis point, 0.01%) 來說明利率的變化，這些都容易讓計算者混淆。 請都回歸於百分比單位之後，再進行計算。

2. 存續期間概算為何跟實際債券算出來有差別？假設 A 債券利率下跌 1%，用存續期間計算，應該是上漲 7.2%，但我真正用債券公式計算的時候，並不是剛好上漲 7.2%？

因為債券價格的變動並不是直線，而是曲線。存續期間只是概算，利率變動越大，價格變動誤差會越大。實際結果還是要依照價格

計算公式為主喔。

存續期間的觀念是我當初在工作的時候，每天都會用到的。在投資債券的時候，它是非常實用的資訊，但不是一次就能完全了解。請給這章節多點耐心，反覆多看幾次，它就會變成你的真功夫了！

1-10

看懂「利率走勢」就知道錢放在哪裡最賺錢？

在前面的章節內容，我們已經學過：債券的價格和利率是呈現負相關。也就是說當利率上升，債券的價格（你付出的成本）就會下降。

由此可以看出，「利率」是債券投資相當關鍵的靈魂。因此，學會看「未來利率走勢」就非常重要。那麼，到底哪些事情或是指標會影響利率走勢呢？這當中牽涉到非常多眉眉角角及諸多的例外狀況，我們一般人或許無法全盤精準的掌握（畢竟未來的事情有誰說得準啊）但至少要有基本的概念喔！

這一小節，就帶大家一起來拆解有趣的「利率走勢」吧！

影響利率走勢的基本關鍵

一、 全球金融看美國臉色

全球的金融以及經濟都會受到美國利率還有貨幣政策所影響，所以在投資債券之前，一定要緊盯美國聯準會（就是大家常聽到的 Fed）的利率決策。

美國聯邦公開市場委員會 (Federal Open Market Committee FOMC)，1 年大約會舉辦 8 次的利率決策會議。開會的時程可以在美國聯準會官網查詢得到。而通常在開會之前，市場對於未來利率動向會有不同的猜測，這些重要的資訊，身為債券投資人是絕對要關注的。

而哪些重要議題會影響美國的利率決策？答案是美國的「通貨膨脹」還有「就業」，都是聯準會所關注的。所以也可以從美國消費者物價指數 (CPI, Consumer Price Index) 等其他與通膨有關的指數，還有相關的就業數據中猜測未來聯準會的利率決策方向。

二、無風險利率的變化

除了觀察聯準會的決策之外，平常可以密切關注美國 10 年期公債殖利率的變化，因為它被市場公認為「無風險利率指標」。所以 10 年期公債殖利率的變化，可以視為債券市場參與者對於未來利率的看法與預期。公債殖利率通常會事先反應，假設市場普遍預期未來利率即將調升，就會在當下立刻反應——利率上升，而不會等到聯準會利率調升之後才跟著連動。

三、匯率與利率

匯率與利率向來是連動的。如果一個國家利率很低，會讓海外投資人比較不願意將資金放在低利率的國家。因為利息太低，沒有投資價值。所以當該國利率低，很可能貨幣就會處於比較弱勢。就像是美國，若將利率調高，很可能就會吸引海外資金流入美國投資，這時候美元也會因此而升值（很多人想將錢換成美元，造成美元因為需求增加而升值）。

若美元因為利率上升而升值，相對就會造成其他貨幣貶值。（投資人會賣出利率較低的貨幣，改買利率較高的貨幣）。所以，關心利率的同時，匯率也是要放入觀察的數據名單。

四、必須知道的 QE (Quantitative Easing)

QE (Quantitative Easing) 中文翻譯是量化寬鬆的貨幣政策。曾經在 2008 年金融風暴還有 2020 新冠肺炎疫情的時候，美國採取 QE 的政策，透過跟市場參與者購買大量美國政府公債等等的方式，將政府資金挹注到市場上。市場上資金變多了，無論是金融機構或是企業也因為這樣有充裕資金可以渡過難關，之後也可以促進經濟發展。當政府實行 QE 的時候，通常都是利率處於極低的狀態（甚至是零利率）。結束 QE，利率就有機會上升。

值得一提的是，當跟銀行借款利率很低的時候，就會促使更多人願意將資金拿去投資，賺取更好的報酬。也因為這樣可以促進經濟的繁榮。

以上的每一個標題，其實都可以再延伸寫成長篇大論。畢竟利率跟經濟還有我們的生活息息相關，是一個非常重要的指標。希望可以藉由簡單的說明，讓大家更快速地進入到利率的世界裡。

1-11

談談股‧債比 —— 早學會，早退休的變富公式

很常聽到大家討論「股債平衡」，所謂的股票與債券平衡，目標就是讓自己的投資組合報酬率可以更加平穩、能在風險與報酬中找到平衡點。也就是透過股債比的適當安排，降低投資風險。

但，到底該怎麼執行呢？關於股債比的建議與看法，市場上有很多不同的見解，但無論如何還是要了解自己的財務狀況，以及所能承擔的風險，並依照景氣及市場趨勢的轉變，來配置股權與債權持有的比例。這一節僅就我本身的作法提供讀者做參考。

也要請讀者留意：若有決心要長期投資，那麼承受資產波動是必然的。股債比配置的觀念雖然可以降低較大的波動，但同時也有扼殺報酬率的可能，而且在某些股債齊跌的時期，會讓人更加坐立難安。

NG 的資產配置，恐怕讓你難以致富

股債比中的「股票」報酬率比較具有爆發力，如果公司獲利衝高，股價因而上漲，投資人也會獲得比較高的報酬率。但股票漲跌通常比較劇烈，波動度及風險也比較高。

而「債券」有固定配息，價格會隨著利率漲跌而有起伏，但價格波動度跟股票相比，還是小一點，比較像是防守型的投資商品。在經濟景氣循環中，在不同階段，股票與債券價格會有不同的變化。

例如：景氣繁榮的時候，股票報酬率會好一些。而債券在這時候可能因為利率上漲而價格下跌。但若景氣不好的時候，股票報酬率會比較差，但債券價格則因為利率下滑而上升。

不過，要精準預測景氣好壞並不容易，如果我們想要追求穩定的投資報酬，就必須同時將兩種金融商品列入投資名單。只是股票跟債券該怎麼配置呢？我會建議依照每個人不同需求來區分。

有個最簡單的算法是：

將 100- 減去你的年齡＝股票配置比例。相對的，年齡＝債券配置比例。

這樣推論是有根據的，因為年紀越大，通常累積的資產金額也越高，而且距離退休時間也越近。這時候需要以「守成」為主，債券配置比例就需要拉高。

若 24 歲剛出社會的新鮮人，依照這個公式算下來，建議配置 76% 的資金在股票上（100-24=76），24% 則分配到債券。

通常社會新鮮人即使有存到錢，金額也不多，而且他們距離退休還很久，是可以投資比較多的比例在高報酬但波動度可能比較高的商品，若加上長時間複利的效果，將有機會為自己賺取翻倍的財富。

所以，不同年紀確實有不同需求、不同理財的目的（子女教

育基金、買房、結婚基金等等）也會有不同的調整，還有每個人
承擔風險的限度不同等等，這些都是在決定股債比時的重要考量。
所以每一個人的最佳股債比都不一樣，還是先了解自己的狀況再
來慢慢調整。

Tips

我如何找到我的股債比？

每個人適合的股債比都不一樣，其實我現階段也在尋找並調整適合自己的
股債比。在一開始的時候，我會用以下的方式來設定自己的股債比：

假設我的目標是 10 年後退休，而在退休前我希望資產可以翻倍，意思是 10
年的報酬率 100%，這樣反推我的年化報酬必須為：7.2%（註 1）

接著我會去觀察債券的年化報酬率大概是多少？假設是 3%。股票報酬率假
設是 10%。
再用以下方式求出股債比：

X+Y=1 （X 是債券比例，Y 是股票比例）
3% × X + 10% × Y = 7.2%

這樣解出來是 X = 0.4　Y=0.6

依照這樣推理，我會先設定債券 40%，股票 60%。然後再去從衆多債券與股票商品中，找到我覺得適合的投資標的。或許你會好奇「爲什麼不將 100% 投資在股票，然後找到 7.2% 報酬的股票就好？」雖然也可以這麼操作，但爲了讓投資組合波動小一點，我還是希望把債券納進來。

當然這並不是完美的作法，而報酬率也是依照最近市場狀況所做的假設。但對我來說，至少可以有個開始，等實行一陣子之後，再來看怎麼調整。股債配置好之後，也要定期檢視並且再平衡。假設經過 1 年之後，股票上漲 20%，而債券上漲 3% 的話，這時候股票比例就變高了，需要賣掉些股票，並且增加債券部位，才可以重新回到 4 比 6 的平衡。

*註 1: (1+7.2%) 的 10 次方大約等於 200%

PART
02

省心易操作的 ETF

讓平凡人也能養出「吸金體質」

2-1

迎接財務自由之路的開始 —— 債券 ETF

這幾年 ETF 非常盛行，從國外紅到國內。我查看了 ETF 歷史之後，更加深我對這個商品的認同，也更了解為什麼資產管理規模在 2022 年可以成長到 9.2 兆美元，它真的是投資人必須要了解的投資工具。

全球第一檔 ETF 是在 1993 年誕生的，到現在已經有 30 年的時間了。第一檔是追蹤股票指數-標準普爾 500 指數 ETF（SPY-US）。

ETF 之所以盛行，是因為它提供一個可能比共同基金「績效」表現更好，且「費用」更低的投資管道。ETF 通常是追蹤某些指數（指標），而指標的背後就是一籃子的股票或債券（或貨幣商品），自然達成風險分散的效果。

什麼是 ETF ？

ETF 的全名是「（Exchange Traded Fund）」， 從字面上直接翻譯是「可以在交易所買賣的基金」，台灣翻譯成「指數股票型基金」。

大家都知道不要把雞蛋（所有投資的錢）放在同一個籃子裡（同一支股票或是單一資產）。投資是必須要分散風險的，但如果你可投資的金額有限，例如 2 萬至 5 萬，要如何風險分散呢？根本不可能靠投資個別股票來分散。卽使你有更大筆的金額，想要做風險分散，光想要計算比例如何分配，分批下單，好不容易下單之後，到時候管理這些部位也很頭痛。

以前我們只能透過共同基金購買來分散風險，但基金的費用比較高，而且長久以來，也有報酬好壞的差異。直到 ETF 出現，讓交易相關費用降低，而且只要看指數就大概能追蹤投資績效了，實在方便太多。

我第一次購買 ETF，就是買追蹤台灣 50 指數 0050，當時覺得投資怎麼這麼輕鬆，只要開證券戶就可以購買。不需打開報表看狀況，只需要看大盤指數漲跌就大概可以知道自己的投資賺賠。ETF 讓投資變得更簡單，我自然也願意投入更多。身為參與者的我，完全認同 ETF 這樣一個投資工具！

什麼是債券 ETF？

債券 ETF 簡單來說就是追蹤債券指數表現的 ETF，我們只需要少少的錢就能透過 ETF 買下一籃子的債券。

當追蹤股票指數 ETF 成功之後，2002 年在美國誕生了第一個債券 ETF，直到 2022 年，債券 ETF 已經占整個 ETF 市場約 20%。以前的債券市場大都只有法人可以參與，一般人只能透過共同基金參與。在債券 ETF 盛行之後，又讓更多散戶投資人可以參與債券市場。

一樣的道理，投資需要分散風險，當你投資部位都集中在股票

市場的時候，這時候需要購買一些債券來避險，這樣你的投資報酬率才不會有太多的波動。穩定的報酬率會讓你的投資走得更長遠。

債券 ETF 跟股票 ETF 一樣，是追蹤特定「債券市場」指數，一樣具有分散風險的效果，交易成本也比共同基金還低。既然是個投資好工具，我們接下來就要來仔細介紹債券 ETF 了！

什麼人適合買債券 ETF ？

債券 ETF 的投資門檻低，適合投資金額有限，但仍需要分散股票風險的人。對資金充裕的投資人來說，債券 ETF 更是必備的分散風險投資管道。

投資等級的債券 ETF 的波動相對股票來說，還是比較小一些，所以適合相對保守的投資人。大多債券 ETF 都會配息，適合定期有資金需求的人。

　　而債券 ETF 淨值每日會波動（交易日），可能在投資之後會遇到虧損的狀況，所以會建議暫時用不到的錢再拿來投資，才可以挺過短期因素造成的價格波動。

辣媽投資小故事

我投資金融工具之前，還蠻喜歡看看它的歷史，這樣可以對這商品有更深的體悟，知道它當初為什麼而生，運作一段時間之後，有哪些修正或是改變，再來思考是否適合現在的我來投資。

金融市場真的是個非常有效率的世界，為了追求更好的報酬，為了追求更高的效率、符合更多人的需求，有利益誘使之下，金融商品就會一直快速的演化。 這就是我喜歡金融的原因，一直有源源不絕的動力，雖然現實但卻非常有生命力。

2-2

債券 ETF 這麼多，到底要怎麼挑？

　　債券 ETF 種類非常多，投資新手總是不知從何挑起。通常我會依照債券 ETF 的發行地點來做初步分類：台灣發行的債券 ETF 或是海外發行的 ETF。這樣分類的原因是，投資人會因為不同發行地而需要找不同的單位投資，所需要準備的開戶文件也有所不同。投資人在看完這樣的介紹之後，可以選擇自己適合的發行地，之後再針對該發行地要求的開戶流程進行開戶。

　　而本節最後還會特別介紹「槓桿型債券 ETF」（無論台灣或是海外均有發行），因為槓桿型 ETF 的風險屬性與一般債券 ETF 比較不同，所以在此特別介紹。

台灣發行的債券 ETF

台灣確實是一個很有活力的地方，對新商品的接受度也比較高，這是我以前在金融業的時候就發現了。為了吸引投資人目光，商品種類就會包含很多種，像是債券ETF在台灣就有差不多90檔，每個都各有特色，但問題來了～ 這麼多是要怎麼挑？切記！不要再盲從朋友報明牌了！除非你原本就懂的商品。

我反覆看了在台灣發行的近90檔債券ETF（代號最後一碼都是「B」，如00679B），簡單地將它們分類。每個人分類的目的都不一樣，所以會有不同表現方法。我的分類只是方便自己篩選投資標的而已。當你知道自己比較需要哪類的ETF，就從適合你的種類中挑選就可以了。

債券 ETF 可分成：「美國公債」還有「非美國公債」兩大類

會這樣分類是因為，美國公債的信用風險非常低（就是無法還錢的機率很低），而且流通性非常好，當然報酬率相對比其他公司債還低。如果你的投資是以配息率高為考量，那就可以考慮

美國公債以外的選擇。

美國公債類：

同樣的美國公債 ETF，可以依照不同的天期來區分：短期（1～3 年；例如：元大美債 1-3，00719B）中期（7～10 年；例如：元大美債 7-10，00697B） 長天期（20 年或以上；例如：元大美債 20，00679B）。

大多狀況下，長天期的利率會比短天期的利率高。天期越長，利率風險越高。

還有比較進階的是：美國債券槓桿型的 ETF（例如正 2） 或是美國債券賣空（例如反 1）。如果是投資新手，這兩個先不考慮。

非美國公債：

1. 公司債 ETF：有不同天期，也有特別強調投資等級（如中信高評級公司債，00772B），或是不同產業類別（如群益投資級科技債，00723B），像是科技公司或是電信公司等等。

2. 金融債 ETF：有主順位金融債（如中信優先金融債）或是次順位金融債。

3. 不同發行市場債券 ETF：例如，中國或是新興市場債券。

該怎麼挑選呢？還是要回歸到自己的需求喔！

(1) 如果你想要追求因為利率下滑而獲得資本利得，那選美國公債 ETF 會最適合，而且天期長一點，就會有更多的報酬。（像是美債 20 年 ETF，00679B）

(2) 如果你是要股債平衡，把債券當成是穩定自己投資組合的工具，那美國公債 ETF 也會是一個好工具。

(3) 如果只想要追求比定存好一點點且非常安全的報酬，就可以買短天期的美國公債 ETF（如，美債 1-3，00719B）。

(4) 如果想要收到比公債更好的配息，就可以考慮公司債券ETF（如，元大 AAA 至 A 公司債，00751B）。信用評等越低的，配息越高，但風險也越大。新興市場公司債的配息率也偏高，風險也高。就要看自己是否可以接受。但是對債券新手來說，建議還是不要買新興市場 ETF 或是你不熟悉產業的公司債喔。

不過，指標利率下跌，就代表每一張債券價格都會變高嗎？答案是「不一定」，如果要賺進資本利得的話，建議挑選長天期的美國公債。

一個很重要的觀念：不是所有債券價格的走勢，都跟景氣或是股價呈現反向。當景氣變差的時候，聯準會會降息，公債價格會上升。但評等比較差的公司債，反而有可能因為無法抵擋低迷的景氣而倒閉，這家公司的債券就會因為景氣變差而跌價。所以才會提到想賺取資本利得的話，建議以美國公債，或是評等跟美國公債相當的債券會比較適合。

海外發行的債券 ETF

在美國發行的債券 ETF 種類也非常多，既然跟國際接軌，就來認識幾個重要的海外債券 ETF 吧！

如果你剛好想投資的話，住在台灣的我們有兩個購買途徑：

一、跟國內證券公司開複委託

二、到海外的證券公司開戶

在台灣發行的債券 ETF 種類已經蠻多元的，為什麼還需要考慮到海外購買外幣計價的債券 ETF 呢？

通常到海外購買債券 ETF 有幾個原因：例如，投資人自己美元的部位比較多，就不必費心還要換回台幣投資、海外 ETF 的費用率有稍微低一點、海外債券 ETF 種類更多樣化，發行量大流動性更好。但如果是初學者，我會建議先投資台灣發行的債券 ETF 會比較簡單。

以下，我們將台灣發行 ETF 與海外債券 ETF 的優劣整理如下表，作為大家投資前的參考。

	於台灣發行的美國公債 ETF	於美國發行的美國公債 ETF	
註冊地	台灣	美國	
買賣券商	台灣券商	台灣券商（複委託）	海外券商
交割幣別	台幣	台幣或美金	美金
美國政府課稅 （無美國籍的 台灣居民）	股息免稅 資本利得免稅	股息的 30% （不一定能退稅） 資本利得免稅	股息的 30% 資本利得免稅 （某些海外券商可以 退稅，非保證全額）
中華民國課稅	股息列入海外所得 (750 萬免稅額、資本利得＋股息) 資本利得免稅	股息＋資本利得 列入海外所得 (750 萬免稅額)	股息＋資本利得 列入海外所得 (750 萬免稅額)
ETF 管理費	較高	較低	較低

資料來源：作者整理。（數據會依法規變動而有所調整，非永久固定不變。）

接下來，我們簡單介紹五檔在美國發行比較代表性的債券 ETF：其中四檔是美國公債 ETF，只是天期不同。另一檔是美國投資等級公司債 ETF。

即使現在沒有要投資，也可以看一下代號，讓自己有個概念，這樣聽理財新聞或是看相關資訊的時候，會比較容易進入狀況喔。

iShares 20 Plus Year Treasury Bond ETF（代號 TLT）

這個指數在台灣常被提到，台灣也有元大美債 ETF 追蹤同一個指數。 該 ETF 資產規模在美國是前五大。

追蹤指數： ICE U.S. Treasury 20+ Year Bond Index

投資債券種類： 美國政府公債

投資於長期公債天期超過 20 年，但由於天期長，殖利率通常也比較高。受利率影響的風險較大，所以當利率上漲的時候，損失比較多。利率下跌時，獲利比較高。

以下三檔債券 ETF 則是追蹤不同天期的美國政府公債，投資人會依照自己資金需求，選擇不同天期投資，分別是：

iShares 1-3 Year Treasury Bond ETF（代號 SHY）

追蹤指數： ICE US Treasury 1~3 Year Bond Index

投資債券種類： 主要投資於 1 ～ 3 年期間的美國政府公債，屬於短期債券類型，淨值受利率波動也相對比較小。

iShares 3-7 Year Treasury Bond ETF （代號 IEI）

追蹤指數：ICE U.S. Treasury 3-7 Year Bond Index

投資債券種類：主要投資於 3 ～ 7 年期間的美國政府公債。

iShares 7-10 Year Treasury Bond ETF （代號 IEF）

追蹤指數：ICE U.S. Treasury 7-10 Year Bond Index

投資債券種類：主要投資於 7 ～ 10 年期間的美國政府公債，算是中長期的債券。

最後介紹的一檔是：

Vanguard Total Bond Market Index Fund ETF（代號 BND）

追蹤指數： Bloomberg US Aggregate – Float Adjusted

投資債券種類：目前資產規模最大的債券 ETF，追蹤的債券種類比較多樣化，包含公債、公司債、資產證券化商品等等。平均到期年限約 8 ～ 9 年。

如果希望債券種類更多樣化，就可以考慮這種類型的 ETF。

特別篇

槓桿型的 ETF

這篇我們用簡單快速的方式說明有一點複雜的商品：槓桿型的 ETF。這商品比較進階，若現在不想費神閱讀，可以先看本文末的小結論就好。

債券 ETF 跟股票一樣也有槓桿型（兩倍），或是反向（反1）。它能幫助投資者獲得指數的翻倍收益，相對的也能使投資者承受指數的翻倍跌幅。

大概的概念是：假設一般型的 ETF 單日指數漲 5%，那當天正 2 倍的 ETF 就應該要漲 10%（可能會有追蹤誤差）。 如果是反向的話，則是會賠 5%（-5%）

必須說明的是，一般型 ETF 在跟投資人收取資金之後，轉身

會去購買指數內的債券組合。但槓桿型 ETF，明明只收一份錢，該如何創造兩倍的報酬呢？

所以，槓桿型必須將資金放入衍生性金融商品，才有機會創造兩倍的報酬。（若是反 1，則是創造負一倍的報酬。）

進階玩家必看的槓桿型債券 ETF

槓桿型債券 ETF 波動大，適合偏好較高投資風險的進階玩家，目前台灣有槓桿的債券 ETF，舉例如下

元大美債 20 年 (00679B) ➡ 元大美債 20 正 2(00680L)➡
元大美債 20 反 1(00681R)

國泰美債 20 年 (00687B) ➡ 國泰美債 20 正 2(00688L)➡
國泰美債 20 反 1(00689R)

此類 ETF 不是單純持有標的物的債券，而是必須操作牽涉衍

生性金融商品進而產生比較高的成本，所以管理費等也會明顯高於一般型的 ETF。

槓桿型的 ETF 風險性比較高，投資人首次購買時，需要簽「風險預告書」。並具備以下條件才可以投資：（滿足其中之一就可以）

一、已開立信用交易中帳戶。

二、最近 1 年內，委託買賣認購（認售）權證成交達 10 筆以上。

三、最近 1 年內，委託買賣台灣期貨交易所上市之期貨、選擇權交易契約成交達 10 筆以上。

所以，如果你近期有考慮投資此類商品的話，一定要先把這個程序走完才可以投資喔。這些文件可能要來回確認不只一次，建議提前準備好，才不會錯過對的行情時間。

以上型態的 ETF 並不適合理財初學者，我們只需要知道以下重點就好：

1. 槓桿 ETF 風險比較高。

2. 槓桿 ETF 費用比較高。

3. 須具備某些條件才能購買。

2-3

這檔債券 ETF 可以買嗎？

「這檔債券 ETF 可以買嗎？」對〜很多投資新手都會問這樣的問題。如果我們運氣好，身旁有好朋友可以讓我們當伸手牌，隨時可以告訴我們這檔能不能買，哪時候該賣？那該多好啊！

但即使是專家，也有看錯的時候，更何況大多數人的身旁，根本沒有財經專家啊。

我們往往在看新聞媒體報導，或是身旁很多人在討論某幾檔 ETF 很火紅時，難免會有一種「好像沒有上車就虧到了」的感覺。但，對於討論度極高的商品，到底該不該買？你必須做到本節要介紹的幾件事。

了解自己的需求

　　想想自己資金該怎麼配置？可以承受多少風險？也許很多人都比你了解這些商品，但卻只有你知道自己需要什麼？所以，我們還是自立自強學會該怎麼判斷商品的好壞，看越多懂越多，才不會被太多雜訊干擾。

看懂基本條件

　　先看懂條件，至少知道你買了什麼？這章節就來跟大家分享債券 ETF 有哪些必看的基本資料，自己看完一次，就會有更踏實的感覺。這裡將用台灣發行的債券 ETF 作爲範例跟大家分析。

一、從名稱掌握輪廓

　　債券 ETF 的名稱很多都是一目瞭然，例如：
元大美債 20 年
前兩個字代表發行 ETF 的投信：元大＞元大投信。

中間兩個字「美債」：美國政府公債。

20 年：代表購買天期 20 年（以上）的商品。

當然這些都是簡稱，詳細資料一定要看公開說明書。

二、關於「簡式公開說明書」的重要資訊

正式的公開說明書都很長，投資人往往會抓不到重點（我看也覺得很頭痛），所以建議看簡式的公開說明書就可以。

這個資料非常容易找到，在投信的官方網站上，只要搜尋該債券 ETF 名稱，進入該 ETF 的頁面。就可以看到「簡式公開說明書」，大約 3 ～ 4 頁，可以很快速地獲得重要資訊。

1. 連結指數： 規模比較大的 ETF，通常會連結知名的指數，說明書內同時也會有指數簡介。如果想要更進一步了解細節，可以 Google 指數名稱，就可以查詢更多資訊，例如這個指數已經

成立多少年？連結的標的最主要是哪些債券等等。

2. 費用：維持 ETF 的運作會有一定的費用，在說明書裡面會說明年度的「費用率」：包含經理費、保管費、指數授權費、上市（櫃）費。這些費用直接內扣在淨值裡面，投資人不需要自己另外試算。而比較高的費用率確實會影響投資人的獲利。畢竟難得賺來的獲利，卻被費用率抵銷實在太可惜了，所以投資前可以多比較同類型的 ETF 間，費用的計算哪個比較划算。

3. 投資範圍：針對投資內容，有更進一步說明，我建議大家要大致瀏覽一下。

4. 成立日期：我喜歡看成立日期，這樣才知道這檔 ETF 已經成立多久，再去看過往的績效，當作是否要投資的重要參考。

5. 投資 ETF 的主要風險：這段文字比較生硬，算是風險預告書的感覺，可以快速看過。有些會列出過去的績效表，以及追

蹤誤差。若追蹤誤差常常偏多，我就會比較卻步（追蹤誤差說明請看 P.123）

三、資產規模與每日交易量

資產規模越大就代表有一定的指標性，通常交易也會比較熱絡。我在評估投資之前，也會先考慮資產規模比較前面的 ETF，因為規模太小，會有下市的風險。

而成交量的部分，可以看出每日交易量的起伏，大概交易的張數，只要上網輸入債券 ETF 代號，就可以看到價格波動圖的主頁，再點入「技術分析」，圖的下方就可以看到每天大約的成交量。

成交量越大，代表越容易脫手（賣掉）。如果每天成交的張數很少的話，建議要謹慎評估，因為當你想賣出，可能會沒辦法快速賣，也可能因為願意承接的人少，而賣在比淨值還低的價格。

四、投資組合平均存續期間

存續期間猶如前章節有提到的，它是衡量債券的利率風險。
了解該債券 ETF 的平均存續期間，就會知道利率每變動 0.01%，
會對這檔 ETF 的淨值影響多少。

假設 20 年美債 ETF 的平均存續期間為 17。那代表利率上升
1%，就大約會產生 17% 的虧損。若利率下降 1%，就大約會有
17% 的報酬。存續期間越長，風險越高！

Tips

購買債券 ETF 之前，建議將以下因素考量一次（請把第一章債券風險拿出來再看看）

1. 利率風險：天期越長，風險越高，但獲利也會越高。相反的天期越短，風險越低，但是獲利空間也會比較有限。

2. 信用風險：看看投資的那些債券標的，倒帳風險高不高。信用評等越高，風險越低。

3. 流動性風險：可由每日交易量來判斷。交易熱絡就比較不用擔心

4. 匯率風險：雖然我們是用台幣購買 ETF，但通常是連結海外標的。一開始投資的時候，投信必須將台幣換成美金購買海外債券，或者贖回的時候，投信會賣掉債券，再換回台幣的時候，都會面臨匯率變動的風險。然而匯率風險很難評估。台幣即使長期以來都在一個區間變動，但也無法保證會一直不變。匯率風險會反映在淨值裡，我仍會以標的物（債券）本身是否有增值為首要考量，匯率風險為次要考量。（意思是，如果看好債券會增值，即使匯率風險難以評估，我仍會決定購買這個 ETF）

除了以上之外，還有很值得觀察的數字，下一章節將繼續跟大家說明。

這些必看的數據

　　該不該買這檔 ETF 的考量因素，除了必須看懂基本條件之外，還有本節即將要說明的名詞也非常重要。像是「ETF 折溢價」問題，攸關這檔債券 ETF 是否買貴了。「追蹤差異」的狀況，讓你看懂這檔 ETF 的經理人，是否有確實追蹤指數。還有「實際報酬率」該怎麼計算，都是決定是否要投資的重要數據。當然，這些重要的數據不是只能運用在債券 ETF，連股票相關的 ETF 也可以適用！建議在投資之前，一定要列入考量。

一、追蹤差異

　　追蹤差異考驗著經理人追蹤指數的能力。ETF 的績效是以追蹤某個指數為目標，但不可能 100% 與指數報酬符合。而指數報酬與 ETF 報酬間的差異，就稱為追蹤差異 (tracking difference)。假設追蹤指數報酬率是 3%，而 ETF 報酬是 2.8% 追蹤差異就是 3% － 2.8% = 0.2%。差異越小，追蹤效果越好。

　　而大家最耳熟能詳的「追蹤誤差」（Tracking Error, TE）則是將追蹤差距來計算標準差。這樣就能看得出在計算的這段期間內，追蹤差距的變動。

　　我們購買某 ETF 初衷，就是期許它的報酬可以跟追蹤指數一樣。如果追蹤差異很大，而且持續一段時間。這樣已經背離我們投資這檔 ETF 的目的，通常我就不會考慮這個 ETF。

　　在投資前，記得查看這檔 ETF 的「簡式公開說明書」（在各家投信的官網有），裡面會有揭露過去的績效差異喔！

二、ETF 折溢價

　　折溢價是這檔 ETF 的市價與淨值有差異。我們接著來說明這差異背後隱藏了什麼資訊。

　　其中「淨值」是 ETF 的真實價格，而「市價」是投資人在股票市場上交易的價格。

淨值 = ETF 持有的所有資產的市值全部加總 / ETF 總發行量

市價＞ 淨值＝ 溢價

代表市場上有比較多人想要「買」，價格就因此被推高。如果這時候急著買，很可能會買貴了。

市價 ＜淨值＝ 折價

代表市場上有比較多人想要「賣」，價格就因此被壓低。意思是，願意接手的人不多，流動性比較差。

無論是折價或溢價，如果這檔 ETF 交易量夠大，就會給大戶從初級市場與次級市場中套利的機會。一旦套利，價格差異就會縮小。 所以折溢價價差並不會太大。

若常看到折價，我就會擔心大家購買這檔 ETF 意願不高。若太常看到溢價，我也會思考這 ETF 是否有過熱的現象。所以折溢價的確會影響我投資的判斷。依過往的數據判定，ETF 合理的折溢價範圍大約落在 -1 ～ +1% 左右。折溢價數字是可以查詢的，

最直接的方法是前往 ETF 的發行商（投信）官網，都會有公告即時淨值。

（假設你投資國泰美債20，就可以到國泰投信的官網查看「即時淨值」）。

三、總報酬如何計算

在投資一檔 ETF 之前，一定會好奇它之前的績效好不好？但績效要怎麼計算呢？

我們必須要有以下幾個數據：

1. 買進成本。
2. 計算報酬率時間點的淨值（類似年底的收盤價）。
3. 配息加總（持有期間收取的配息）。
4. 資本利得（ETF 價格的變動）。
5. 時間。

計算邏輯： 利息＋資本利得 ＝ 總報酬

總報酬 / 買進價格 ＝ 報酬率

假設情境如下：

當初買進價格是 30 元。

這個 ETF 是每季配息：四次配息為： 0.2 / 0.3/ 0.26 / 0.2。
加總為年度收到的利息 = 0.96 元

年底的 ETF 收盤價為 31 元

資本利得＝ 31－30 =1 元

總報酬 = 利息＋資本利得 ＝ 0.96+1 =1.96

報酬率 = 1.96/30 = 6.5%

6.5% 就是持有這檔債券 ETF 一年的時間，所獲得的總報酬。

從 2020 年後，都是屬於不斷升息的階段，直到 2023 年中這段時間，債券 ETF 報酬率都不理想，即使中間都有收到配息，但資本利損往往抵銷了利息收入，甚至可能是負報酬。然而未來大

家期待降息，就有機會再領息之外，還可以期待資本利得。

需要跟大家提醒，總報酬率會因爲你使用的資料不同而有變動。A 使用今天的收盤價計算，B 若使用一週前的收盤價計算，就會有不同的報酬率。請注意新聞上報導的報酬率看起來可能很吸引人，但請留意它選用數據的期間！還有，不同 ETF 的績效比較，請使用同一個時間的資料，這樣會比較客觀。

連續兩個章節說明該怎麼判斷該不該買這檔 ETF，除了聽專家意見，多看新聞之外，最重要的還是要自己看！

1. 先把基本條件看懂。

2. 評估各種風險。

3. 看這檔 ETF 過去的追蹤誤差、折溢價狀況、績效。

這些大概知道了，把錢放進去也會安心很多。若未來獲利不如預期，你也比較容易找到檢討的方向，這樣我們理財的功力才會越來越強喔！

2-4

該怎麼購買債券 ETF ？

　　ETF 是近年台灣人很喜歡的投資商品，許多人將它視為存股的好標的。不僅因為 ETF 可以透過定期定額的方式進行，而且需要投入的資金也不需要很大，對投資新手來說不會造成太大的負擔，非常適合中長線投資的股民。

　　而且，參與投資債券 ETF，相對其他債券投資商品來說是比較簡單的，特別是在台灣發行的債券 ETF，只需要有證券戶就可以買賣了。所以我蠻鼓勵債券新手可以從比較穩定的債券 ETF 開始入手。接下來這個單元，就來細說該怎麼購買債券 ETF。

看到之前的介紹，是不是有人心癢癢想要投資了。但該怎麼入手台灣發行的債券 ETF 呢？

購買的方式分成：初級市場與次級市場。

「初級市場」指的是跟發行該 ETF 投信購買。一般投資人能在募集期間，直接向投信或透過銀行等通路購買。若募集期間之後，仍想在初級市場購買的話，購買單位數是 500 張。假設你要購買的 ETF 淨值為 30 元的話，購買的金額將是 15,000,000。你沒看錯……真的是一千五百萬，這不是一般人可以參與的，通常都是機構法人在購買。我們還是在募集期間買少單位就好 :P。

「次級市場」指的是，在集中交易所買賣（指在股票市場，開盤之後都可以購買）。換句話說，大家跟投信買了之後，如果要賣掉或者再加碼的話，就只能在股票市場上跟這檔 ETF 的投資人買賣。

如何在初級市場購買呢？台灣 ETF 都是由投資信託公司（投信）發行，一開始會有申購募集期間。在這期間，如果有留意的話，會有很多新聞報導在討論新的商品。 請大家務必到該投信的官網，找更多的發行細節。

募集時候申購（通常只有不到一週的時間）可以直接在投信下單，通常會有手續費優惠。或者也可以透過銀行通路購買，但要注意手續費的計算。若擔心錯過募集期間，建議可以提前與該投信聯繫，先把開戶事項、扣款銀行戶頭等等都完成之後（因為開戶可能需要幾天的時間），等到募集開始，就可以從容申購。

初級市場購買的好處是，不用擔心萬一該 ETF 討論度很高，到了次級市場，很容易因為大家搶購而買得比較貴（買在溢價）。而壞處是，買了之後，需要等幾週才會上市，在這段時間市場上可能會有好消息，也可能有壞消息。但還沒上市之前，無法買賣，資金是暫時被鎖住的。

接下來次級市場買賣就簡單太多了，只要有跟證券公司開立證券戶，就可以在手機 APP 輸入 ETF 代號，程序跟股票買賣一樣輕鬆。

但次級市場會遇到「折價」「溢價」的問題，這部分可以參考前面章節相關說明。

若是要購買海外發行的 ETF，就必須先洽證券公司，簽訂好複委託同意書之後，也一樣可以在券商的手機 APP 上，輸入 ETF 代號，輕鬆下單喔。雖然也可以透過國內銀行購買海外發行的 ETF，但因為費用比較高，所以建議透過券商買賣，可以節省成本。

看完這個段落，希望大家可以輕鬆開始投資囉！

債券 ETF 跟高股息 ETF 該怎麼挑？

　　這幾年 ETF 發行的檔數越來越多，尤其為了迎合台灣投資人「愛息」的喜好，也有了高股息 ETF 這樣的商品，提供投資人更多元的選擇，也能讓現金流做出更好的規畫。

　　那麼「債券型 ETF」跟「高股息 ETF」有什麼不同呢？

　　曾經也有朋友這樣問過我，說真的！第一時間我的確想了一下。是啊！一樣都是期待「配息」，這兩個有什麼不一樣嗎？到底該怎麼選呢？

　　仔細想想，這兩個類型的 ETF 屬性的確不同。我們先就最大的差異：「配息來源」與「資本利得」來分析。

配息來源的不同

債券 ETF 配息，來自於每一檔債券的「利息收入」，不管發行人該年度是否有獲利，都必須支付固定的利息給投資人。但變數是債券 ETF 會隨著指數變動而更換債券，收到的利息也會因爲這樣而有不同。

而高股息 ETF 的配息，來自於股票的「股息」收入，當該年度公司獲利很差，就可能沒有股息。當獲利好，股息可能就配發的很不錯。

所以影響這兩者配息的因素是完全不一樣的， 如果你想要配息相對比較穩定的話，債券 ETF 會是比較好的選擇。如果在景氣上升的狀況下，你期待有很好的股息，高股息的 ETF 或許是個不錯的選擇。

資本利得的差異

債券 ETF：利率下滑的時候，有資本利得可以期待。相反的利率上升，就會有資本利損。

高股息 ETF：股價下跌，會有損失。股價上升，會有利得。

股票的投資報酬主要是根據公司的經營獲利表現而反映於股票價格上；而債券價格的漲跌，主要是受市場利率、信用評等以及債券違約率等因素所影響。

從配息還有資本利得兩項分析下來，就能看清楚這兩種 ETF 本質上的不同。所以還是要回歸自己對於未來配息的預期，若想要確保有配息，債券 ETF 是個好選擇。若期待因景氣好轉而有更好的配息，或許高股息 ETF 就比較適合你。

PART

03

穩穩變富的幸福 ——
債券型基金

3-1

穩中求勝的理財商品—— 債券型基金

先恭喜大家！我們已經到了第三個單元惹！即將要跟大家介紹的是「債券型基金」，它是很受大家歡迎的投資工具，我覺得也非常適合投資小白。

但，所謂的「債券基金」究竟是「債券」還是「基金」呢？這一小節就要帶大家好好認識這個穩定又優秀的商品。希望大家看完之後，就可以評估自己到底該不該投資債券型基金！

什麼是債券型基金？

　　「債券型基金」顧名思義就是投資標的主要是「債券」的基金，它是基金的一種。發行人跟投資人募集資金之後，轉而去投資一籃子的債券。而大多的債券都是固定利率配息，所以債券型基金又被稱爲是「固定收益基金」。 另一個有點相近的基金是「貨幣型基金」， 一樣都可以歸類爲固定收益商品，但貨幣型基金投資的商品天期，比債券基金短。

　　債券型基金的優勢在於它的分散投資。投資債券型基金的好處是，有個經理人幫你管理以及監控投資組合，畢竟市場訊息變化莫測，我們沒有時間隨時觀看，專業程度也不足。而且，我們只要用少少的錢，就可以參與投資債券，並且達到風險分散的效果。

　　就台灣境內發行的債券型基金，總投資金額達新台幣 5068 億（2023 年 11 月止）。 貨幣型基金的規模也很大，約新台幣 8472 億（2023 年 11 月止），股票型基金是 9280 億。

　　境外基金固定收益類的金額則有 1.4 兆新台幣（股票型 1.3 兆）

就這些數據來看，債券型基金規模真的不小。那麼？很多人都買了，自己到底要不要參一腳？還是老話一句：看自己的資產配置！

以下我們先看一下有哪些類型的債券型基金可以投資：

一、依照投資的債券型態來分

1. 政府公債基金：投資於美國或其他國家公債，美國政府公債的信用評等最高，倒帳的機率相對比較低，但來自利息的報酬也會比較低。

2. 投資等級債券基金：投資於投資等級之公司債券或國家公債（信用評等 BBB-(含) 以上），信用評等低於美國政府公債，倒帳風險略高於美國公債，來自利息的報酬率稍微高一些。

3. 非投資等級債券基金：投資於非投資等級（BB+(含) 以下）

的公司債券，利息收益高，因為違約風險高，甚至被稱為垃圾債券「Junk Bond」。 因為風險難以預估，我會建議理財初學者，投資前需更加謹慎評估。

4. **新興市場債券基金：**投資於新興市場之政府債券或公司債券，所謂「新興市場」代表該國的政治，經濟並沒有如已開發國家穩定。另外新興市場可能會有外匯管制或者外匯大幅變動的風險。若投資的是當地幣別計價（非美金計價）的話，有可能因為當地貨幣貶值，造成更大的損失。因為風險評估困難，我會建議理財初學者投資前必須謹慎評估。

二、依照基金公司註冊地來分

境內與境外基金是以基金公司的「註冊地」來區分的。如果發行該基金的基金公司是在國內註冊的話，就是「境內基金」。若不是在國內註冊的話，就稱為「境外基金」。

假設復華投信發行的「全球債券型基金」，雖然投資的是非本

國的海外債券，但發行基金的公司是在台灣註冊，這就是「境內基金」。

1. 境內基金：好處是由金融主管機關核准，也受到中華民國政府管轄，我們購買的時候，在合法性部分是比較安心的。

2. 境外基金：是採申報生效制，相對境內基金來看，境外基金的種類比較多。基金選擇性多是非常重要的，就統計數據來看，境外基金中非常受歡迎的是非投資等級債券型基金與新興市場債券型基金。前幾年在低利率時代，投資信用良好的債券，只領到微薄利息令人覺得很無感。所以很多人開始找配息比較高的債券，可能以為「債券」就是一個風險低的資產，也不清楚不同評等的債券違約率有顯著差異。投資債券是可能無法收回本金的。以前大家稱這些收益率比較高的債券基金為「高收益債券基金」，現在已經更名為「非投資等級債券」。為了就是要讓大家知道基金的本質，高收益的背後就是高風險。

境外基金種類眾多，比較擔心的可能是遇到未經主管機關核准的基金。在購買之前，請務必確認銷售單位的合法性。也建議到「境外基金資訊公告平台」查詢該檔基金的更進一步的資訊。

債券型基金的稅負

做投資其中一個很重要的事情，就是投資的所得該如何課稅。債券型基金的所得是依照「投資標的商品」來認定。意思是說，只要基金的投資屬於「海外的債券」，而基金配息來源是債券利息的話。無論你購買的是境外或是境內基金，這部分的所得會適用海外利息所得，有 670 萬免稅額，而資本利得不課稅。

若投資的標的是國內發行的債券，基金配息來源是債券利息的話，就有 10% 的分離課稅。

貨幣型基金 （Money Market Fund）

　　台灣的貨幣型基金規模約 8000 多億新台幣（2023 年 11 月止），規模也蠻大的。貨幣型基金跟債券型基金一樣，都是投資固定收益的商品。差別是貨幣型基金投資的標的天期比較短，通常是 1 年之內。

　　這樣的基金報酬率不高，風險相對低，流通性很好，是非常適合資金短暫停泊的地方。若有一筆閒置資金短期內用不到，就可以考慮貨幣型基金。

債券型基金 VS. 債券 ETF

　　以上的分類，不管是從債券的類型，或是境外境內來分類，看似與 ETF 分類並沒有很大的差異，到底債券型基金跟債券 ETF 差別在哪裡呢？

　　債券型基金是共同基金（Mutual Fund）的一種，大多都是**主動式管理的基金**。將募集而來的資金依照經理人的專業經驗，主動選擇投資標的，並且決定進場與出場的時機，目標是創造優於整體市場的投資報酬率。（打敗某指數）

　　而 ETF 大多是**被動式管理**，以追求跟市場（某指數）報酬率一樣為目標。 所以其中只有當指數成分調整，才會改變投資組合。這是跟共同基金存在最大的差別。其他差別整理如下：

	債券型 ETF	債券型基金
管理費	比較低	比較高
手續費	比較低	比較高
報酬績	被動追蹤市場指數報酬	主動追求超越市場指數
買　賣	於股票市場買賣	透過基金公司申購或贖回
透明度	比較高：指數會全數揭露	比較低：只會揭露前五大或是前十大的投資組合
配息課稅	詳見 P.109 表格整理	若該基金投資本國債券，利息適用 10% 分離課稅 若投資海外債券所得的利息，屬海外所得，請參照海外所得繳稅規定
資本利得	免稅	免稅

資料來源：作者整理。

　　ETF 跟債券型基金的差別就在於，你是否相信經理人有能力可以賺取比指數更高的報酬。

辣媽投資小故事

景氣下滑，利率下滑就等於債市多頭，那是不是投資「高收益債券基金」賺更多？

還記得在金融業的時候，當時景氣正要反轉向下的時候，有投資人開始尋求高收益債券（high-yield bond）。

我知道公司債的利率定價應該＝同天期公債利率（無風險利率）＋信用貼水（credit spread）我一開始以為，只要景氣下滑，公債利率下跌，不管什麼債券價格都一定會因為利率下滑而上漲。而高收益債券的利率比公債更高，到時候應該會賺更多吧？

沒想到當我在跟國外交易員討論的時候，他們篤定的告訴我。高收益債券反而有可能因為景氣下滑而價格暴跌！

蝦米！我當時非常的訝異，並且進一步詢問之後，才得到解答。

原來，高收益債券往往都是來自於非投資等級公司債，這些公司的體質本來就比投資等級公司債還弱。面對景氣下滑，他們極有可能因為獲利劇減，造成公司倒閉，而無法償還本金啊！所以假設公債利率下滑，但信用貼水，有可能因風險增高而暴增，進而讓非投資等級公司債價格暴跌！

所以！非投資等級公司債的價格，反而跟股票比較像。景氣好，價格會比較好，景氣差，該公司的股票跟債券是可能同時下跌的！

已經過了好幾年，我到現在還記憶猶新，這也影響了現在的我，非投資等級公司債券的價格真是變化莫測，我還是離它遠一點吧！

3-2

該怎樣挑選第一支債券型基金？

　　債券往往是理財中不可忽略的一環，在本金安全的基礎上，它可靠的收益是我們最終的追求。

　　畢竟投資股票，它的波動比較高，而當你理解債券商品就會知道藉由投資債券，能讓資產的報酬率變得比較平穩，它的穩健性非常值得我們關注。債券型基金也因為這樣不可或缺。

　　然而債券型基金的種類比債券 ETF 更多、更複雜，購買前需要做的功課也比較多，請務必釐清自己的投資需求後，才不會被琳琅滿目的基金所困惑。

我適合買哪一種債券型基金呢？

「什麼情況下會來考慮債券型基金？」

「該買什麼樣的債券型基金呢？」

針對這個常見問題，我整理了以下建議，大家也可以思考一下自己的需求，選擇最適合自己的投資：

一、有些暫時不會用到的資金，只想要找個比定存好一點的地方放

如果是這樣，那麼投資的商品波動就不能太大（風險偏低），收益不用太好也沒關係，但要用到錢的時候，隨時可以領回來。

這麼一來，我會考慮投資「貨幣型基金」，這樣的基金都只會投資短天期的債券，不會有令人驚豔的資本利得，價格很平穩，但會有相對穩定的配息，雖然配息不高，但可以與定存利率比較是否具有優勢。

二、希望整體資產的報酬率能更穩定

如果你的資金已經有部分放在股票市場，但又希望能增加一部分資金在債券市場，來讓資產整體的報酬率比較穩定。也就是願意冒一點波動的風險，來賺取比定存再高一些的報酬。

如果是這樣，我會建議投資天期稍微長一點（5年以上）的「投資等級債券型基金」或標的分散的複合債券型基金（如，投資區域分散或債券種類分散），投資等級的債券違約風險偏低，而利息收入又比公債好一些。雖然在利率上升的時候，可能會因為這樣損失一些資本利得，但只要長期放著，就會有穩定的收息。

三、在利率相對高檔的階段，想要賺取資本利得

當景氣反轉向下的時候，有機會在債券市場上獲利。如果想要因為利率下滑而賺進資本利得的話：

1. 投資公債會比投資公司債好

景氣下滑的時候，被大家視為無風險利率的公債利率，會反應得比較快速。而公司債變數比較多，會因為景氣好壞影響獲利，

進而影響償還能力，債券價格變動就會比較複雜。所以如果單純想要賺資本利得的話，建議投資以美國公債為主的債券型基金。

2. 投資長天期會比短天期好

長天期債券的存續期間比較高，利率下滑會獲得比較高的報酬。假設 A 基金的平均存續期間約 15，B 基金的平均存續期間為 3，

當債券下滑 1% 的時候，

A 基金會獲得 $15 \times 1\% = 15\%$ 的資本利得 （淨值會增加）

B 基金會獲得 $3 \times 1\% = 3\%$ 的資本利得 （淨值會增加）

若你看好未來利率下滑，那長天期的債券型金會獲得比較好的報酬。

四、在利率相對高檔的階段，想要鎖定高利息

難得利率處於近年來的高檔，的確適合進場買進殖利率比較高的債券。這時候還滿適合購買有到期日的債券型基金，然後持有到期，就可以穩定收息。

誰適合買債券型基金？

債券基金的投資門檻比債券 ETF 更低（新台幣 3000 元），適合投資金額有限，但仍需要分散股票風險的人。資金充裕又想追求比較穩定配息的投資人也非常適合。特別是境外基金有很多受歡迎的債券型基金，還依照不同市場的需求，發行不同計價幣別的基金。假設某 A 新興市場基金發行原幣別是美金，越來越受歡迎之後，也開始用不同幣別計價，像是歐元、澳幣或是南非幣。比起債券 ETF，債券型基金會有更多元的選擇。

投資等級的債券型基金的波動相對股票來說，還是比較小一些，所以適合相對保守的投資人。大多債券型基金都會配息，適合定期有資金需求的人。

而債券型基金淨值會每日波動（開盤日），可能在投資之後會遇到虧損的狀況，所以會建議暫時用不到的錢再來投資，才可以挺過短期因素造成的價格波動。

3-3

這檔債券基金可以買嗎？── 基本條件在哪邊看？

　　相對於股票型的基金，債券型基金的波動性較小，因此在市場動盪期，債券型基金往往能展現出較強的抗跌性，非常適合風險承受較低的投資者。

　　跟前一章聊到債券 ETF 一樣，投資前，一定要先知道基本條件。債券型基金也會有簡式公開說明書還有基金月報。這兩個都是可以幫助你快速了解基金的條件喔。

　　先看懂條件，至少知道你買了什麼？

「簡式公開說明書」與「月報」的重要資訊

正式的公開說明書都很長，投資人往往會抓不到重點，所以建議看「簡式的公開說明書」就可以。

而「月報」更加簡短，1～2頁包含了基金的重要資訊。

這兩個資料非常容易找到，在投信的官方網站上，只要搜尋該債券基金名稱，進入到基金專屬頁面時。就可以看到「簡式公開說明書」與「月報」。

1. 說明書的投資範圍與投資特色：從這邊可以看出這檔基金預計購買什麼樣的債券，通常投資範圍會寫得比較廣，文字也比較硬，不容易閱讀，有看沒有懂是正常的。建議大致看過有印象就好。

2. 基金運用狀況：這在公開說明書與月報裡都有，可以看出

基金投入每一種資產的比重，以及不同信用評等的分佈。我會特別注意非投資等級債券的比例是否偏高，如果偏高的話，代表信用風險比較高一些。也會注意投資的天期，是 10 年內多，還是 20 年以上多。如果天期越長，配息可能會稍微高一點，但利率風險也會比較高。

不同國家分配：特別留意新興市場比重高低，如果擔心淨值率波動大，就會盡量避開新興市場比重高的基金。

3. 費用：維持一檔基金的運作會有一定的費用，在說明書裡面會說明年度的「費用率」：包含經理費、保管費、 指數授權費、上市（櫃）費。

債券型基金的費用會比債券 ETF 高，這些費用直接內扣在淨值裡面，投資人不需要自己另外試算。而比較高的費用率，確實會影響投資人的獲利。特別對固定收益的基金來說，費用影響獲利幅度越大。如果你投資的是信用評等優良的基金，年收益率可

能約 4 ～ 5%，若費用約 1% 的話，收益率減少為 3 ～ 4% 了。

建議投資前可以多比較同類型的基金，看看哪一檔收費比較划算。

4. 成立日期：我喜歡看成立日期，這樣才知道這檔基金已經成立多久，接著再去看過往的績效，當作是否要投資的重要參考。（但請注意：過去績效不代表未來表現。）

5. 過去的績效表：因為 2022 年暴力升息，所以債券型基金近 1 ～ 2 年績效都不會太好，建議要拉長到至少 3 ～ 5 年的績效作為參考。

6. 資產規模：資產規模越大就代表越受歡迎，但資產規模不代表報酬率好，還是要藉由不同指標多方參考。

投資組合平均存續期間

存續期間猶如前章節有提到的，它是衡量債券的利率風險。了解該債券 ETF 的平均存續期間，就會知道利率每變動 0.01%，會對這檔基金淨值影響多少。

假設該基金平均存續期間為 12。那代表利率上升 1%，就大約會產生 12% 的虧損。若利率下降 1%，就大約會有 12% 的報酬。但因為投資組合比較複雜，存續期間只是大概預估，不能完全代表基金的敏感度。

計價幣別攸關匯率風險

不同的計價幣別會有不同的匯率風險。如果你手頭上有台幣現金，想要投資美國計價的基金。就必須自行承擔匯率的風險，自己決定換美金的時點，也決定將美金換回台幣的時間。若帳上有美金也投資美金計價的債券型基金，這樣就不會有匯率風險。

就穩健的債券型基金來說，收益率不會太高，所以特別需要留意匯率風險，小心它吃掉你的報酬。

假設你想投資以美元計價的 A 債券基金年配息約 5%，投資金額爲 1 萬美金，你在美元對新台幣爲 32 元的時候，用 32 萬元台幣換美金 1 萬元。

1 年後你賺了多少？

你收到了 5% 的美金利息，約當 500 元美金，而當時匯率若是 30。債券基金淨值不變，你換回多少台幣呢？

本金＋利息： 500+10,000= 10,500 美金
換成台幣 ： 10,500×30 = 315,000 台幣

315,000 ＜ 320,000……也就是 1 年後你的基金即使用美金計價時候是有收益的，但換算成台幣的話，仍是虧損的。

也或許你可以等到匯率比較有利的時候，再將美金換回台幣，但畢竟這仍是風險，因為未來匯率也許更差也說不一定？！

Tips

購買債券型基金之前，建議將以下因素考量一次（請把第一章債券風險拿出來再看看）

1. 利率風險：天期越長，風險越高，但獲利也會越高。相反的天期越短，風險越低，但是獲利空間也會比較有限。

2. 信用風險：看看投資的那些債券標的，倒帳風險高不高。信用評等越高，風險越低。

3. 流動性風險：可以查看基金的資產規模，規模較大的基金，比較不用擔心大額贖回就會影響基金淨值。 在投資前，先查看申請贖回之後，幾天可以入帳。

4. 匯率風險：先參考基金發行的幣別，再衡量自己手邊的資金，也將未來匯率走勢納入判斷之後，再行投資。

除了以上之外，還有很值得觀察的數字，下一章節就來跟大家說明。

3-4

掌握四大重要數據，就能選出最適合你的債券型基金

　　評價一檔基金的好壞，不能只看收益；所以除了了解基金的基本條件之外，這一章節將再介紹四個衡量基金績效的指標，把它們都學起來，以後就能更看得懂基金，輕鬆就能挑出優良的債券型基金。甚至何時適合進場？何時該賣出？再也不需要靠別人喔！

Alpha & Beta

Alpha（α）簡單的說，就是基金的績效可以超越大盤指數多少。Beta（β）簡單的說，就是基金的波動度跟大盤波動度的比較。Alpha 常被評量基金經理人視為該基金所提供的附加價值，就是「這檔基金的績效」減去「指標指數」，所得到的值。

假設 A 基金年報酬為 4%，而指標指數為 3%。

4% － 3% = 1%, Alpha = 1%　（基金表現比指數好）

假設 A 基金年報酬為 2%，而指標指數為 3%。

2% － 3% = -1%, Alpha = -1%　（基金表現比指數差，那直接買指數就好）

Beta(ß) 用來評估基金與指數波動的相關性

Beta 值越大代表這檔基金的波動與指數的波動相關性越大。

假設 A 基金的 Beta = 1.2。

如果指數報酬為 5%，A 基金報酬則為 6% (5×1.2%)

如果指數報酬為 -3%，A 基金報酬則為 -3.6% (3×1.2%)

白話說，就是這檔基金波動會比指標指數的波動更大。

結論很重要！以上兩個值在各基金平台都可以查閱，然而在實務上找不同的指標指數比較，就會有不同的結果。而且有些比較特殊策略的基金，或許就找不到可以對應的指數，這些都可能造成投資人無從客觀比較。

而且基金的相關費用也會影響 Alpha 值，讓我們更無法判斷是管理費用貴，還是經理人能力不足？

還有，用過去已經發生過的資料算出來的 Alpha & Beta，並不能代表未來基金的績效等等，這些都是使得數值參考性有待商確的重要原因。

Sharpe

夏普值（Sharpe Ratio）可以想成是衡量基金的 CP 值，某基金夏普值越高代表 CP 值越高。

所有的金融商品高報酬的背後，勢必要承擔更多的風險。夏普值就是每多承擔一份風險，投資人會拿到多少額外的報酬。

假設有兩個性質相似的基金分別是 A 基金與 B 基金，經過計算之後，兩個基金的風險值是一樣的，但 A 基金的報酬率為 3%，而 B 基金為 4%。 我想大家會比較有意願投資 B 基金。

夏普值 =（報酬率 - 無風險利率）／報酬的標準差

假設 A 基金的標準差（可視為淨值的波動大小）。為 10%，報酬率 - 無風險利率 = 12%，則 A 基金的夏普值為 1.2 (12%/10%)

　　假設 B 基金的標準差為 8%，報酬率－無風險利率＝ 12%，則 B 基金的夏普值為 1.5　(12%/8%)

　　假設 C 基金的標準差為 6%，報酬率－無風險利率＝ 10%，則 B 基金的夏普值為 1.67　(10%/6%)

　　這個例子可以看出來，即使 C 基金是三檔基金裡面報酬率最低的，但因為風險更低，所以夏普值反而是三檔基金中最高的。因此，在決定要投資哪個基金的時候，不能單看它的報酬率，必須要與該基金的風險做比較，這樣才比較周全。

　　但反過來說，我也不建議只單看夏普值就決定該買哪一檔基金，最好還是了解夏普值背後的報酬率與風險個別的數字。畢竟，就算兩檔基金的夏普值一樣，但兩個基金承受的風險還是有可能存在極大的差異。

公告配息率不等於投資報酬率

基金定期會公告配息率，而如果你因為這配息率來決定是否購買這檔基金，這樣並不是一個周全的做法。

因為配息率有兩個組成的數字：一個是「配息」； 一個是「基金淨值」。

公告配息率的計算，通常會拿靠近配息日的基金淨值作為基礎。但靠近配息日的淨值，通常不會剛好等於你購買基金時候的淨值（成本）。

而且未來的配息也是會變動的，舉例說明如下：

假設公告配息的當天，基金價位在 10，配息為 0.5 元，這樣配息率就是 5%。

而你購買的時候，基金淨值下跌到 9，而之後的配息剛好一樣是 0.5 元，你的配息率則是 5.56%。

更進一步計算報酬率，報酬率＝資本利得＋配息率。

資本利得：計算當天的基金淨值假設為 10 購買成本為 9 資本利得則為＝（10-9）/ 9 ＝ 11%

報酬率＝ 11%+5.56% ＝ 16.56%

所以真實的報酬率，必須要用自己購買的成本去計算。公告配息率當參考就好。

3-5

帶你輕鬆買進第一支債券型基金

　　對債券型基金有基本的了解後，每個月只需要台幣 3000 元，透過單筆買入或定期定額的投資方式，就可以開始創造被動收入。

　　接下來，我們就來學習債券型基金的購買方式。

　　首次購買基金的投資人，通常很難馬上搞清楚基金投資的步驟。別擔心！購買債券型基金並不難。基金有非常多通路在銷售，例如投信公司、銀行、基金平台，而以上這三種管道各有優勢，投資人可以在看完這本節的介紹之後，選擇自己方便、放心的方式購買。

該如何購買債券型基金

一、投信公司

可以透過投信公司購買債券型基金，但只能購買該投信發行的債券型基金。假設 A 投信的債券型基金只能在 A 投信公司購買。無法在 B 投信公司購買 A 投信所發行的債券型基金。

通常在基金首次發行的時候，跟投信公司購買會有手續費上的優勢（免手續費），這是在其他平台未必能享有的優惠。若購買已發行的基金，就得個別查詢是否有收取申購手續費。

在賣出基金的時候，請務必先確認是否有贖回手續。或者投資幾個月後，想要轉換到其他同一投信的基金（由 X 基金轉到 Y 基金），可能也會有轉申購的手續費，這部分也請在轉換前要先確認。

有些投信公司會有理財顧問，請大家善用這樣的資源，在申

購贖回前都可以請教他們的意見。即使對未來價格走勢的判斷不一定準確，但至少對於相關費用的資訊會是確定的。

在購買基金之前，請大家務必先做好「開戶」，這步驟沒完成，是完全無法進行交易的。開戶需要點時間，有時候會遇到缺文件，需要點時間補齊，之後還有等待幾天才會審核完畢。所以千萬不要等到最後一刻才來開戶，這樣很容易錯過好時機。

二、銀行

向銀行購買債券型基金，費用相對會比較高。除了手續費之外，還比其他平台多收取「信託保管費」。但好處是，通常是透過理財專員的介紹後購買，而且理專可以銷售的商品滿多樣化的，可以同時跟其他非基金類的商品做比較之後，再決定是否投資。

而這樣的服務到底值不值得這費用的價差，就見仁見智了。

透過銀行買賣基金的話，必須先開立「信託帳戶」，這部分也

在交易之前必須要先備妥才可以。確定交易之前，也請務必確認相關的總費用喔。

三、基金平台

最近幾年有很多共同基金的投資人都是透過基金平台，在網路上就直接購買基金。基金平台通常都是「免手續費」的，而且平台有非常多種類的基金可以選擇，跟購物網站一樣，可以慢慢看慢慢決定，最後再直接下單，沒有人情壓力，這樣投資比較輕鬆。值得注意的是，有時候會有特別幾檔基金只會在某特定基金平台上獨家銷售，若是想要投資新基金，也要先確認在哪邊可以買得到。

在基金平台的部分，雖然說是「免手續費」，通常都是指申購的時候免手續費。而在贖回的時候，可能會有贖回手續費的產生，費用多少要看每個不同的基金而定。還有轉申購手續費等等費用，建議在購買基金之前就要先確定會比較好。

此外，基金平台的開戶也需要幾個工作天（快的話隔天就可

以啟用，慢的話要看實際狀況而定），這部分在交易之前也務必先準備好。

以下我們將不同平台購買費用部分整理成表格，方便給大家參考比較。

平台	基金平台	投信	銀行/券商
投資成本	低	低	高
特色	可線上開戶	投資成本最低	實體服務處多
基金種類	最多	少	較多
申購手去費（單次）	0%～3%	0%～3%	1.5%～3%
轉換手續費（單次）	0～300元／次	0%～0.5%	境外基金： TWD 500元（OBU戶 USD 15元）＋各基金公司規定計收之費用。 境內基金： TWD 50元（OBU戶 USD 2元）＋各基金公司規定計收之費用。
信託管理費	無	無	每年0.2%～0.4%

資料來源：作者整理。（費率可能會改變，投資前請洽各平台確認相關費用。）

辣媽會想在哪個平台購買基金呢?

哪邊買比較便宜,就是我選擇哪個購買平台的最主要原因。

在債券基金首次發行的時候,我會直接跟投信購買,因爲免手續費。若有搭配母子基金(＊註1)的時候,如果新發行基金跟母子基金在同一個投信的話,那我也會跟投信購買,未來若遇到基金轉換的時候,能有些許手續費的減免。如果是平常想參考各種不同基金的時候,就會到基金平台上去找,那邊資料齊全,購買方便也很棒。

此外,如果每個月我有固定金額要投資債券型基金,也會在投信或是基金平台設定「定期定額」的方式扣款,這樣也可以強迫自己儲蓄。

債券型基金種類五花八門,難以詳述,投資前可以到基金平台搜尋熱門基金,若有符合需求再進一步查看基本資料,以及此

章節有介紹的方法評估，最終可以找到自己適合的基金。

*註 1 母子基金：母子基金屬於比較進階的投資方法，單筆投資到母基金上，然後在從母基金（相對保守的基金）帳戶中，定期定額投資到子基金（相對積極的子基金），等到子基金上漲到某個程度，就賣出停利回到母基金，再繼續下一次定期定額的循環。這樣的方式更適合想要長期投資的人。

PART
04

早知道早富有！
秒殺定存的 ——
單一債券投資

4-1

讓債券小白升級小富婆 —— 單一債券

　　有些朋友不太喜歡複雜的債券投資組合，希望投資能盡量單純一些。或者，有些人追求極度平穩，喜歡能將利息鎖住，直到債券到期那天的超低風險投資。這時候我會建議大家考慮直接購買「單一債券」。

　　本章除了分享「單一債券」之外，也會透露一些「行員不會告訴你」的「單一債券」買賣眉角，獻給慢慢通往財富自由之路的債券投資新手們，希望能陪你一起慢慢變富有。

什麼是單一債券？

有別於債券型基金、債券 ETF，只需要用少少的金額，就可以同時投資多種債券；單一債券必須要有高一點的投資門檻，才可以投資單一發行公司的債券。當你購買單一債券之後，只要發行公司不倒閉，你就可以在確定時間收到確定的利息，並且在到期日收到本金。不像債券 ETF 或是債券型基金那樣，配息是不確定的，也沒有固定到期日。

如果想對單一債券有更進一步了解，可以複習本書的第一章節。

什麼人適合投資單一債券？

單一債券比較適合進階的投資人，例如：

1. 有充足資本的投資人：因為單一債券的投資門檻比較高，最低是 1000 美金（視平台而定），但通常需要 10,000 美金以上才比較有議價的能力，若只是小額投資人，這方法並不符合成本效益。

2. 有豐富理財經驗的投資人：因為單一債券必須要自己尋找投資標的、決定購買時間、還要有議價能力……等等，是屬於比較進階的投資方式。並不建議理財新手第一次就購買單一債券。

3. 想鎖定固定配息的投資人：單一債券可以在購買的當下就決定到期殖利率，也就是說直到到期那天為止，你的報酬率已經是固定了。所以很適合已經有明確資金規畫，想鎖定未來幾年的現金流量的投資人購買。

該如何挑選單一債券？

在購買單一債券之前，我們該如何評估、篩選最終決定該買哪一個單一債券呢？我會建議先分析自己的需求之後，再來找適合的投資標的。

首先，先評估自己的資金狀況：

1. 有多少錢可以購買？

相對於債券型基金還有債券 ETF 來說，單一債券投資門檻比較高，至少要 1000 美金才可以購買，而要 10,000 美金以上才有議價能力（會隨不同時間而有所改變。建議洽購買單位詢問）。如果有足夠的金額就可以購買了。

2. 資金預定放多久？

因為單一債券的投資門檻比較高、要脫手也相對麻煩等種種因素影響之下，讓投資人更需要特別先評估這閒置資金可以投資多少年限？如果可以放比較久，就建議買長天期的債券，可以一次將利率鎖定比較長的時間。如果閒置時間只有 1 ～ 2 年，那麼，就建議購買短期債券。

3. 預定報酬率與可以接受的風險？

在正常狀況下，債券是天期越長，利率越高。信用風險越低，利率越低。建議多多比較不同信用評等的債券還有債券的收益率之後，當我們對債券「行情」有一定的認知後，就可以先鎖定某些債券，最終再看市場狀況決定何時買入。

如何評估單一債券？

通常在評估的過程中，債券的賣方會提供一個債券列表讓你參考選擇。可以先瀏覽過所有債券，簡單先初步選出可能投資的標的。然後依照以下的方式簡單評估：

1. 詳讀債券的發行條件：這部分可以參考第一章債券發行條件的相關說明，確認每一個條件都符合你的需求。尤其最重要的就是到期日、發行人、信用評等、票面利率、到期殖利率……等等資訊（詳見 P.40 債券基本條件）。

2. 若有更進一步疑慮，可以查閱「公開說明書」：每一檔債券在發行前，因應主管機關要求，都必須先準備好一本「公開說明書」（Prospectus），裡面詳細記載了債券發行條件、資金用途、償還順位，還有負責承銷的券商等等很多發行的細節。通常公開說明書的篇幅會蠻長的，若需要更進一步資料，可以翻閱看看。

但就一般順位以及固定利率債券來說，發行條件相對簡單，我自己就不會特別去翻閱公開說明書。但若是比較複雜的，像是浮動利率債券或是次順位債券等等，我就會去翻閱公開說明書，確認自己認知的利息計價方式，還有償還優先順序等等的資訊是否正確。這樣可減低對債券發行條件的錯誤認知。

　　3. 利率風險評估： 可先確認該檔債券的存續期間，然後再乘上你預期利率的變動（duration × 利率變動），就可以簡單評估利率風險。

　　假設這檔債券存續期間是 4，而你評估最糟糕的狀況是「未來利率為上升 1%」。這樣的狀況下，債券價格會下跌多少呢？

　　4×1% = 4%　➡　債券價格下跌 4%

　　4. 信用評估風險： 值得一提的是，發行公司是否會準時還款的部分，就需要去評估「信用風險」，而信用評等報告就會是參考依據之一。如果要更進一步確認信用評等的狀況（假設你想知道為什麼

信用評等公司會給予發行人「AA」等級等等更進一步訊息），建議查詢「信用評等報告」。（Google 輸入公司名稱、rating report）

報告通常會有兩種：「發行人本身的評等報告」還有「債券的評等報告」。

通常來說，發行人的信用評等會跟債券信用評等是同一個等級。像是蘋果公司的信用評等為 AAA，而蘋果公司發行的一般公司債的信用評等也會是 AAA。

但會有例外，比方說該債券是「次順位債券」的時候，評級就會比發行公司評等還低。例如 JPM 銀行的信用評等是 AA，它發行的「一般順位公司債」可以獲得 AA 信用評級的可能性很高。但若 JPM 發行的「次順位公司債」的話，這個債券信用評級就一定會低於 AA。（次順位公司債說明，可詳見第一章相關說明）

如果可以接受這樣的狀況，那就可以考慮購買。

以上是簡單介紹如何評估單一債券是否值得你投資。回想以前我在金融業的時候，曾負責的業務就是「債券發行」。當時經常需要翻閱信用評等報告，也要協助整理債券的公開說明書。之後再將所有必備資料收集好之後，送到證券主管機關讓承辦人員審核。

　　通常需要幾週的審閱期間，若有任何需要補件的資料，我們也都需要協助了解。所以深知每一個文件都有它存在的必要性，也看到審核人員的謹慎，這樣才可以保障投資人知的權益。

你知道嗎？「單一債券」買賣是可以議價的！

　　自行購買「單一債券」是比較複雜的，雖然最近各大券商已經陸續推出在手機 APP 上就可以直接下單，然而，你們知道嗎？債券報價跟股票不一樣，上市櫃股票是螢幕上的價格就等於市場馬上可以買到，而且大家買賣的價位差異非常小。但債券不是喔！螢幕上的價格通常都是可以再議價的！到底要議價多少才合理？我必須說……你真的很難判斷。因為債券價格並不是輕易可以在

網路上查詢得到，而且會因為你購買的金額而不一樣，價格並不是那麼透明。

在購買「單一債券」之前，你可能會有以下的待辦事項，請先看看再決定是否要投資。

1. 你必須先想好，買債券的目的是什麼？

想賺資本利得？還是要趁利率高檔的時候，鎖住高殖利率呢？要什麼天期才可以搭配自己的配置？

2. 你必須自己挑選債券：

「單一債券」的種類絕對比 ETF 或是基金多更多，「債海茫茫」到底哪個才是對的「債」？

3. 你要自己議價，確認交易細節。

4. 之後債券的信用評等要自己追蹤。

5. 決定要持有到期？或是中途賣出？（同時也要衡量到時候賣得掉嗎？）

　　以上的待辦事項，我覺得都不容易。所以啊！購買前請三思，不要因為大家都在討論，每個人都在買，你就跟著買，也千萬不要聽到身邊的某某某投資了什麼商品賺大錢就盲目跟風，人家畫餅是人家的事，你相信了就是你的事。切記！不熟悉的商品就不要買！

4-2

跟誰買「單一債券」可以買得便宜？

想要投資單一債券，有許多眉眉角角要注意。跟購買債券
ETF 或是債券型基金很不一樣。而近期投資債券的話題很夯，我
跟朋友聊到如何購買單一債券的時候，才發現很多人並不知道單
一債券可以議價，更不知道跟哪個機構買會比較便宜。

那時，我才意會到自己以前在金融業處理很多債券買賣的業
務，把瑣碎的交易細節視為理所當然；但多數人都不是從事金融
業，不懂這些細節是正常的，這個單元就來幫大家拆解購買債券
會產生的費用，比較後大家就會知道該跟誰買比較划算！

如果要購買單一債券，可以找台灣的證券公司或是銀行，當然也可以去跟海外券商開戶，透過他們下單。但因為到海外券商開戶的複雜度比較高，大多數人還是會選擇跟台灣的金融機構購買，畢竟找得到公司，又有服務人員可以對口，會讓人安心很多。

以下我想針對透過本國金融機購買賣債券經驗，作為分享：

購買債券的費用到底是多少，跟誰買比較划算呢？

我觀察了個人買賣單一債券的業務一陣子，發現這項業務最近被熱門討論，所以費用是有可能持續變動的。請大家購買債券之前，務必再三確認喔。

我將購買債券衍生的費用敘述如下：

一、保管費：（銀行會收取，證券公司不會）

銀行會收取每年保管費約 0.2% 左右，請注意，這是每一年都會收 0.2%，並不是一次性的費用，建議多找幾家銀行詢問。

二、手續費：（銀行會收取，證券公司不會）

可能當你在購買的時候會收取的費用，所以賣出的時候可能又會收取一次。這費用還蠻多的，約 1% 左右。

請注意！債券利息往往不高，如果是 5% 的話，第一年就要支付 1% 的費用，代表你只剩下 4%，利息少了 20% 喔！ 若賣出的時候再次收取 1%，又萬一你這檔債券是賠錢的，就眞的會很心痛。

三、 看不到的買賣價差（銀行、證券公司都有）

債券最主要是法人在買賣，必須要有專業的資訊系統才看得到卽時報價。我們透過國內的金融機構買賣，價格透明度更低。

假設某檔債券在海外券商的報價可以買到報酬率5% 的水準，而很可能你卻買在 4.5%。那消失的 0.5% 去哪邊呢？首先，你必須知道「螢幕上價格不等於可以成交」。此外，還有以下因素影響最後成交價格。

1. 購買金額：因爲你購買的金額遠小於法人，而國內金融機

構必須先批發買大量，再零售分拆給你，萬一它剩餘部分債券沒有投資人願意購買，銀行或券商就會承擔債券價格波動的風險。他們將這樣的風險，轉嫁在給你比較低的收益率上，是很常見並且很容易理解的，畢竟零售跟批發價格本來就會不一樣。

2. 購買時間：我們買賣的債券通常是美金計價的債券，美國股市開盤後才是主要的交易時間。但台灣的銀行或券商是在台灣的交易時間跟你買賣，他們也承擔了價格波動的風險。畢竟誰知道晚上一開盤的走勢如何，萬一利率暴跌或暴漲，損失就是他們的。

所以買賣價差是一定會存在的，而且你無法知道價差有多少，你只能靠多方比價來讓自己少付一點，還有盡可能去減少「保管費」與「手續費」

除了費用差異之外，還有需要提醒的是，跟券商購買海外債券之前，必須先簽妥一些合約，像是「複委託」合約，還有相關的

「風險預告書」。當然這些都會隨法規還有金融機構內部規定而有所改變，請務必先將相關文件準備好，才可以順利買賣喔！

Tips

銀行跟證券公司兩個比較起來，透過證券公司買賣的費用會比較節省。
但交易之前，務必再次確認相關費用再進行買賣。

4-3

如何下單購買單一債券？

　　單一債券的下單方式和債券 ETF、債券型基金有些不太一樣。在評估自己的資產狀況後，接著便可以開始決定購買多長天期、金額及確認信用評等……等等債券購買細節之後，接下來該怎樣下單投資呢？

　　這個小節就來好好分享如何自己下單買債券，以及下單前必須注意的眉角！

單一債券如何詢價？

在確定自己要購買什麼債券之後，請記下該債券的 ISIN Code（每一個有價證券都有一個獨一無二的 12 位數號碼），可以直接用 ISIN 跟券商詢價。券商會給你的報價是「到期收益率」還有「百元價」。通常我會著重在「到期收益率」，因為它將明確告訴我，購買這張債券之後，我可以有多少的收益率。

百元價指的是以百元為單位，價格是多少？這會影響你必須準備的資金。假設百元價是 105 元。而你跟券商購買的面額是 5000 元美金。這樣你就必須準備 5000×105/100= 5250 元的美金，才可以購買這個債券。當券商報價給你的時候，建議你多找不同的金融機構比價，或是直接 Google 輸入 ISIN Code，看看是否有海外券商的報價。

但報價絕對會因為你要購買的金額而有所差異。購買金額越大，價格會越好（到期收益率會越高，百元價會越低）。現在很

多證券公司與銀行已經推出在 APP 上就可以輕鬆下單的畫面。如果購買超過 5000 元美金，建議可以用人工詢價的方式，有機會買到比較優惠的價格。

　　下單的畫面會類似以下示意圖，請確認所有敘述的條件都跟你想要的一樣，才進行下一步喔！

▌商品資訊

債券名稱	微軟公司
ISIN CODE	US594918AM64
參考申購報價	113.77(2024/01/11)
參考殖利率	4.16%
交易幣別	美元
交易客戶類型	全部人皆可交易
最低申購面額	5,000
申購累加單位	1,000
配息利率	每半年
票面利率	5.3000%
到期日	2041/02/08
剩餘年期	17.1
預計下次付息日	2024/02/08
債券評等	標普：AAA 穆迪：Aaa 惠譽：WD

資料來源：證券公司 APP、作者整理。

接下來會有更多細節待確認：

▌申購資訊

委託日期	2024/01/11
交易幣別	美元
申購面額 (A)	⊖ 10000 ⊕ 最低申購面額 5,000 申購累加單位 1,000
參考申報價 (B)	113.77(2024/01/11)
參考交易價金 (C=A*B/100)	11,377
1→ 應付前手息 (D)	232.62
2→ 參考總申購金額 (C+D)	11,609.62

資料來源：證券公司 APP、作者整理。

請輸入自己想要購買的「面額」（不等於購買金額喔！）之後，系統就會試算出「參考總申購金額」，這才是你實際必須支付的錢。（標號 2）

什麼是「前手息」？（標號 1）

債券有固定付息的日期，但我們買賣債券的時間往往不會剛

好是付息日。假設這檔債券下一次付息日是 2024 年 7 月 10 日，你買賣債券的時間是 1 月 4 日，到時候你將在 7 月 10 日領到一整年的利息（2023/7/10-/2024/7/10）。但你實際持有的時間只有 2024/1/4 ～ 2024/7/10， 所以必須將 2023/7/10 ～ 2024/1/3 這段時間的利息先支付給「前手」（上一個持有債券的人）

確認帳戶有美金，接著確認幾天交割

股票、ETF 的交割日計算，我們習慣是交易日＋兩個營業日＝交割日（你的帳戶會被扣款，同時收到股票的日期）但債券的交割日建議先詢問營業員，畢竟美金債券是海外交易，而你是透過券商買賣，時間上會有一點落差。

必須要先確認交割日期，是為了讓你先確認自己的美金帳戶有足夠的存款，這樣才可以交割順利。

但如果交易金額比較大（超過 10,000 美金），建議要直接找

業務員或是銀行理專，用議價的方式，看是否有機會買在比較划算的價格喔！

影響債券價格的其他因素

閱讀到這邊的讀者，應該已經耳熟能詳，知道哪些因素會影響債券價格。利率、信用評等、天期……等等。但除了表面上的發行條件之外，還有哪些因素呢？

有時候你會發現，同一個發行人、差不多的到期日（只差1～2個月），但為什麼到期收益率會差很多呢？假設都是美國政府公債，A債券是3年後到期，B債券是3年又1個月到期。但是到期殖利率卻是 A：3.3%； B:3.0%？照理說 B 債券天期還多一個月，應該 B 債券到期收益率比較高啊！但在債券交易的實務上，會因為它是「冷門券」或是「熱門券」而有所差異。

所謂「熱門券」（on the run）指的是這個債券是眾多交易商常買賣的標的，交易活絡的情況下，流動性風險比較低，所以即使同一個發行人，也可能會因為流動性的不同，殖利率也會不同。

　　這個例子裡面，B 很可能是因為「熱門券」的關係，殖利率就會比較低。相反的，A 很可能是冷門券，今天你買入之後，要再賣出的話會比較困難，因為債券市場上主要的投資人對這張券比較不感興趣，所以交易商會要求這張券要有比較高的殖利率，才願意投資持有。

　　對於我們這種只專注在投資並且想持有至到期的投資人，並不會太在意這張債券是否需要頻繁的買賣，如果是我的話，我會直接購買 A 債券，然後領取比較好的收益直到債券到期。

買了債券之後，該如何賣出？

你必須知道的買賣價差：

舉個例子：在你買入債券的隔一天，發現利率並沒有什麼變動。這時候你改變心意想要賣出這個債券，可是詢價時，竟然發現會有虧損！但，明明利率沒動啊？爲什麼會這樣呢？

這種情況最主要的原因是「買賣價差」所造成。債券的流通性跟股票是無法相比的，所以會存在買賣價差。意思是，在你要交易的當下，買價與賣價是不一樣的。往往是買在貴的價格（假設 102），賣在便宜的價格（100）， 所以卽使利率並沒有變動，你當天買賣債券就是會虧損 2 塊錢。所以，不建議頻繁的買賣債券，因爲光是買賣價差，就會讓你有虧損。建議以持有長期或是到期爲原則買入。

誰能幫你賣債券？

在買了債券之後，債券會以存在銀行或是複委託方式放在

券商帳上。當我們要賣出的時候，很可能你只能找原本的銀行或券商賣出。你可能會覺得「當然啊！不然要找誰買」但，有件非常重要的事必須讓你釐清：

原本的銀行或券商已經成為唯一可以幫你賣出債券的機構。

這跟你當初買入的時候是不一樣的，因為當時買入時，你可以同時洽詢不同的銀行或券商進行比價，但如今你只能透過原本的金融機構賣出。這情況代表，在出售價格上你可能會吃虧。所以，請務必再三確認，並且一定要試著議價幫自己爭取好的價格。

目前市面上分享如何買單一債券相關的資訊比較缺乏，這也是我寫這本書很重要的動力。就是希望透過這樣介紹之後，可以給想自行購買債券的朋友，在投資的時候會更順暢！

債券型 ETF、債券型基金、單一債券比一比

　　認識了「債券型 ETF」、「債券型基金」以及「單一債券」後，現在要幫大家釐清這三個看起來很像，但其實有點不一樣的的商品，幫助大家快速了解這三個商品最主要的差異是什麼呢？我們適合買哪一種？哪一種的操作比較簡單呢？

　　以下透過簡單的圖表，總結給大家參考：

	債券型基金	債券 ETF	直接購買單一債券
管理費	高	低	無
手續費	稍高	低	向銀行購買，會收取管理費
保管費	無	無	向銀行購買，會收取管理費
投資門檻	低	低	高
流通性	佳	佳	不佳
價格透明度	高	高	低
配息率	浮動	浮動	固定
適合初學者程度	適合	適合	不適合

資料來源：作者整理。

除了圖表的整理之外，仍需要補充的是，如果你的目的不同，也會影響投資結果：

　　1.　如果只是想跟指數一樣的績效，就考慮「債券型 ETF」。

　　2.　如果很重視投資績效，就可以先找尋是否有符合預期的「債券型基金」。

　　3.　如果只是要穩定領息的話，那直接購買「單一債券」會是個好選擇。

　　4.　如果你是債券小白，或是只是看好某段時間利率下滑的趨勢，「債券 ETF」或是「債券型基金」都是可以考慮的不錯的開始和選擇。

　　我雖然對債券有所研究，但因為「資本不夠雄厚」，因此還是會以少量的「債券型 ETF」搭配「債券型基金」為主。有時候，如果只是短期看好行情買賣，我會選擇「債券型 ETF」，因為買賣跟股票一樣，非常方便快速。但如果我長期追蹤某一個基金的績效特別好，我就會考慮債券型基金。每個人的選擇不一樣，但投資前一定要先做功課，我們就在這賺賠中間，學到更多寶貴的理財經驗，一定會越來越好的！

PART
05

常見問題 Q&A

　　自從在自己粉絲專頁分享理財一段時間後，我們也遇到了一些常見問題，我相信一定很多人也有相似的疑問，所以在本書的最後，我想用簡單的問答方式呈現，讓大家對理財有更完整的了解。

1. 我什麼都不懂，要怎麼開始理財？

　　我建議可以從關注理財新聞開始，不管是什麼新聞網站，幾乎都有「理財新聞」的分類，每天可以先養成看一篇理財新聞的習慣，遇到不懂的名詞，可以再進一步查詢。或者走到銀行裡，直接詢問相關理財商品，並且回來研究。

　　另外，相關基礎入門的理財書也很值得看。因為理財跟自己切身相關，可以從記帳每日花費開始做起，對自己的花費有基本概念之後，才能推測出 1 個月可以存多少錢。而進階再來討論這筆錢該怎麼使用。

2. 投資工具這麼多要怎麼選？

可以參考第一章，「理財前先了解你自己」的相關說明。如果可以運用的資金還不多，沒關係！可以先考慮債券 ETF 或是債券型基金。之後再依照自己的風險接受程度來選擇商品。投資態度較為保守的人，可以從短天期的公債開始考慮，投資態度較為積極的人，就可以朝向股票來看。

3. 要存到很多錢才能投資債券嗎？

不需要喔！債券型基金最低的投資金額是 3000 元新台幣。債券 ETF 約 2 ～ 4 萬元就可以參與投資。

4. 債券持有到期就不會賠錢嗎？

只要發行公司沒有信用危機（例如：倒閉、破產、或是無法償還債務利息或本金），到期的時候就會收到本金。

5. 債券的利息就是報酬率嗎?

更完整的說法應該是:

債券報酬率 = 票面利率 + 資本利得 (利損)

票面利率就是每固定時間會領到的利息,而資本利得 (利損) 指的是債券價格的波動。 (詳細可以參考前面章節債券價格的計算)

6. 買債券基金,錢都是投到國外嗎?會不會拿不回來呢? 有沒有可能變壁紙?

購買債券型基金會有各種計價幣別,且會因為不同發行地而有所不同。如果是購買台灣當地發行的債券型基金或是債券 ETF,投資人就是用台幣支付給投信公司,再由投信公司去投資購買海外發行的債券。除非這些債券全部都違約無法償付,才會全數血本無歸,但這機率非常小。

若是購買境外基金，只要在台灣「基金資訊觀測站」就找得到發行資料的基金，相對比較有保障。但若是查詢不到的基金，請務必要提高警覺，新手投資人請務必遠離這樣的投資商品。

如果是購買美金計價的單一債券，也可以透過本國券商或是銀行去購買，有任何狀況都可以洽詢購買單位，這樣的方式也讓我買得安心。

但若是跟海外券商購買單一債券或是債券 ETF，這時候請務必確認海外證券公司的合法性，這部分需要自行判斷的細節比較多，不建議新手第一次就透過這種方式購買。

7. 辣媽是否有購買理財專員推薦的商品，後來賠錢的慘痛經驗？

是的！我有遇過，當初有筆閒錢想要投資，當時鎖定相對保守的商品，於是買了一檔投資型保單。保單收益率的來源是，

有個代操團隊會運用這筆資金去操作金融商品，包含股票債券ETF、基金等等。一開始期待有專業經理人可以擊敗大盤，或者至少可以讓我有高於定存的收益率。但沒想到投資 2～3 年之後，迎來將近「負 20%」的報酬率。如果要提前解約，則有不低的解約金約 4～5%。假設我解約了，就是 -20%－4% = -24% 報酬率，真不是個開心的經驗。

悔不當初啊！我回想當初做決定的時候，如果可以注意以下這幾點，或許我就會卻步了！

(1) 商品並沒有保本：保險本來就是保守的投資，當初只想著有機會獲利，以為專業經理人是獲利的保證，但在金融市場上豐富的經驗並不保證獲利。所以，未來如果我要購買保單，只會考量保本商品（保本＝保障本金）。

(2) 一開始相信專業經理人操盤，但購買後才發現資訊不透明：因為你無法清楚得知賺賠的原因，假設你投資的是 ETF，該

ETF 追蹤某個指數，就可以清楚判定賺賠的原因。但經理人操盤，我們無從得知他們是如何選擇投資哪些商品，更無法推測賺賠原因。所以，未來我比較不會考慮「代操」的商品。

(3) 沒有將提前贖回費放心上：當初沒有意料到會賠這麼多，也沒有將提前贖回的費用放在心上，導致想認賠出場的時候，還要多負擔提前贖回費用。

因為這個投資是賠錢的，我也跟理專討論該怎麼處理後續？是該解約停損？還是繼續等待？還是換到其他商品？請記得，無論如何，請務必諮詢他們的意見，然後自己多做功課之後再做決策。

但理財就是這樣，一定會有踩雷的時候，「悔不當初的感覺是必經的過程」。走過了一定會學到經驗，進階了之後，就更有可能幫自己賺到打敗通膨的報酬。

8. 如何與「理財專員」對應與過招？

對理財小白來說，「理財專員」是不是讓你又愛又恨呢？在理財的路上，我們很常需要接觸到：證券營業員、保險業務員、還有銀行的理財專員。其中「理財專員」更是理財的路上，亦敵亦友的存在。

平常我們到銀行櫃檯辦理匯款的時候，通常行員會順便詢問我們的資金規畫，順便介紹自家銀行目前有的商品……如果自己剛好有需要，我還蠻建議大家多聽聽也很好。不過，當我們還是投資小白的時候，對應理財專員時，就需要一些「過招」的技巧，以免吃虧！以下是我的經驗，提供給大家參考：

我建議跟理專溝通的時候，請詳述自己的需求，像是「我即將退休，我希望這項投資是能保本的」、「我還年輕，需要報酬率高一點投資標的」、「這筆錢是作為孩子的教育基金」等等，也可以順便提到自己以前的投資經驗，這樣對方才能更清楚你的狀況。

請不用隱藏自己的「無知」，你可以坦誠說出不懂的地方，並不需要覺得不好意思。因為你是出錢的那個人，就跟買其他商品一樣，想買之前當然要多問問題，不然怎麼評估呢？

雖然理財專員有時候可以幫我們促成交易、幫助我們賺錢；但也可能讓我們賠錢。所以，別盲目接受他們推薦的每一項商品。如果可以，我甚至覺得必須先跟他們多花些時間培養默契，當信任感建立後再開始考慮他們推薦的商品。

有時候，理財專員也可能推薦你「佣金」比較高的商品（理專販售這商品，可以收取比較高的佣金）通常這樣的商品特性可能是風險比較高，或是複雜度比較高，或者天期比較長。

如果你都看不懂，就不要買。如果仍想更進一步了解，那麼建議這樣詢問：

1. 是否有「保本」（保障本金領回）：通常有保本的商品報酬率都會滿低的。所以也要看看是否符合自己的需求？

2. 若不保本，請詢問理專「最大損失」：請特別留意投資商品的風險是什麼？請對方說明最糟的狀況，可能會造成你多少的損失？將這些量化之後，再來評估自己是否適合。

3. 請理專說明商品費用：理財商品最忌諱層層費用。像是投資型保單連結到基金，然後又透過理專購買，這樣就會有三層費用：基金公司管理費、保險公司發行費、還有銀行銷售費用。

假設投資型保單連結到組合式基金，那這樣就是四層：基金本身管理費、組合式基金管理費、保險公司發行費，還有銀行理專銷售費用。特別是保守型的投資商品收益率本來就不高，若還要支付層層費用，那就很可能會白做工了。

4. 購買前詢問是否可有手續費優惠：有些手續費是有機會部分減免，當然這也得看你在銀行有多少存款等等而定，但多問總是多一個省錢的機會。

　　期許你所搭配的理專，是可以幫你分析目前狀況、有理財的經驗、不要過度推銷的人。他們必須把商品內容說明清楚。萬一投資賠錢，也請理專說明並且建議接下來的改善計畫（例如：將 A 基金換成 B 基金）。但通常轉換的時候，是否又多了另一個手續費？這點也要特別小心注意。

　　相信大多的理財專員為了讓自己工作長長久久，會以維護客戶權益為優先，但不表我們可以免除戒心。所以，最後還是要提醒大家請勿留印章給理專，也不簽空白文件。一定要詳看金融商品條件之後再簽名，以保障自己權益喔！

存債致富：每月 3000 元，輕鬆投資債券抗通膨，穩穩賺，資產不縮水

作　　者／郭 雅 芸（辣媽 Shania）

主　　編／蔡 月 薰

企　　劃／蔡 雨 庭

封面設計／林 采 薇、楊 珮 琪

編排設計／郭 子 伶

攝　　影／許 裪 於（CanvasTaipei）

修　　圖／秦 子 恩（CanvasTaipei）

總編輯／梁芳春

董事長／趙政岷

出版者／時報文化出版企業股份有限公司

108019 台北市和平西路三段 240 號 7 樓

發行專線／(02)2306–6842

讀者服務專線／ 0800–231–705、(02)2304–7103

讀者服務傳真／(02)2304–6858

郵撥／ 1934–4724 時報文化出版公司

信箱／ 10899 台北華江橋郵局第 99 號信箱

時報悅讀網／ www.readingtimes.com.tw

電子郵件信箱／ books@readingtimes.com.tw

法律顧問／理律法律事務所 陳長文律師、李念祖律師

印　刷／勁達印刷有限公司

初版一刷／ 2024 年 3 月 22 日

初版五刷／ 2024 年 8 月 13 日

定　　價／新台幣 380 元

時報文化出版公司成立於一九七五年，並於一九九九年股票上櫃公開發行，
於二〇〇八年脫離中時集團非屬旺中，以「尊重智慧與創意的文化事業」為信念。

存債致富：每月 3000 元，輕鬆投資債券抗通膨，穩穩賺，
資產不縮水／辣媽 shania（郭雅芸）作 . -- 初版 . -- 臺北市：
時報文化出版企業股份有限公司 , 2024.03
　面；　公分
ISBN 978-626-374-962-7(平裝)

1.CST: 理財 2.CST: 投資 3.CST: 債券

563　　　　　　　　　　　　　　113001555